LA FOLIE
ESPAGNOLE.
TOME QUATRIÈME.

LA FOLIE ESPAGNOLE,

PAR PIGAULT-LEBRUN,

MEMBRE DE LA SOCIÉTÉ PHILOTHECNIQUE.

QUATRIÈME ÉDITION.

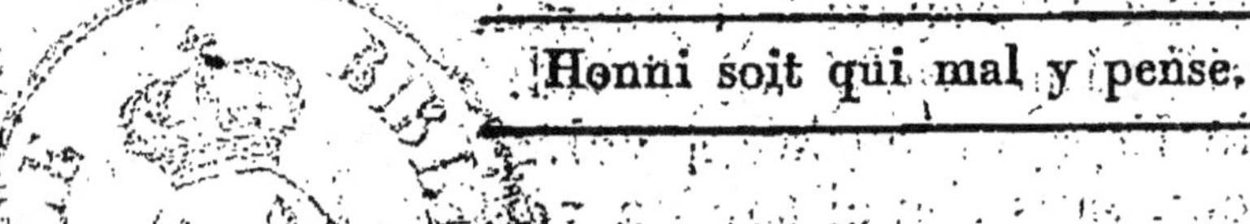

Honni soit qui mal y pense.

TOME QUATRIÈME.

PARIS,

CHEZ J.-N. BARBA, LIBRAIRE,

ÉDITEUR DES OEUVRES DE PIGAULT-LEBRUN,

PALAIS-ROYAL, DERRIÈRE LE THÉATRE FRANÇAIS, N° 51.

1820.

ŒUVRES DE PIGAULT-LEBRUN,

69 vol. in-12, avec figures.

Adélaïde de Méran, 4 vol.
Angélique et Jeanneton, 2 vol.
Barons de Felsheim (les) 4 vol.
Cent vingt jours (les) 4 vol. in-12, contenant quatre nouvelles, qui se vendent séparément : Théodore, M. de Kinglin, Métusko, Adèle et d'Abligny.
Citateur (le) 2 vol.
Enfant du Carnaval (l') 3 vol.
Famille Luceval (la) 4 vol.
Folie Espagnole (la) 4 vol.
Garçon sans Souci (le) 2 vol.
Jérôme, 4 vol.
L'Homme à projets, 4 vol.
Mélanges littéraires et critiques, 2 vol.
Mon Oncle Thomas, 4 vol.
Monsieur Botte, 4 vol.
Monsieur de Roberville, 4 vol.
Nous le sommes tous, ou l'Egoïsme, 2 vol.
Officieux (l') 2 vol.
Tableaux de Société, 4 vol. portrait.
Théâtre et Poésies, 6 vol.
Une Macédoine, 4 vol.

LA FOLIE ESPAGNOLE.

Le conducteur de la litière s'arrête devant une maisonnette fort jolie, bâtie au milieu du parc et entourée de jardins rians. Elle était habitée par une espèce de concierge, bon homme, obligeant comme tous les domestiques de Cerdagne, chargé comme eux de faire tout ce qui plairait au beau chevalier, avec l'injonction commune à tous les autres d'observer une discrétion absolue.

A peine Mendoce eut-il mis pied à terre, que le concierge lui servit un repas dont il avait le plus grand besoin, et auquel Trufaldin n'eut pas la force de toucher. En mangeant, en buvant,

Mendoce classait ses idées. Il trouvait étrange que Rotrulde, Inès et les autres eussent aussi brusquement disparu. Cet article lui était à-peu-près indifférent; il n'avait plus d'amour pour la jolie brune : ce qui l'affligeait sensiblement, c'est que le seigneur qui l'avait tiré de la ville, qui l'avait escorté en route avec ses hommes d'armes, se fût dérobé à sa reconnaissance. Au reste, comme il n'était pas homme à éprouver de sensations bien durables, il sortit après son repas, laissa son écuyer aux soins du concierge, et se promena dans le parc, chantant la petite chanson, et s'applaudissant de retrouver son or dans ses poches.

Une grande allée, qu'il suivit jusqu'au bout, le conduisit en face d'un très-grand, très-gothique, et très-respectable château. Le pont était levé, les fossés pleins d'eau; il regardait, il examinait tout. Un nain, qui était sur une tourelle, lui cria qu'on ne s'arrêtait pas là. A ce mot, Mendoce s'assit sur l'herbe. Le nain renouvela l'ordre de passer. Mendoce lui rit au nez. Le nain furieux disparut, et revint avec quelques archers qui ajustèrent la flèche à l'arc. Mendoce était brave, mais il était sans défense, et, dans tous les cas, la partie n'eût pas été égale. Il se repentit de s'être engagé si avant, et il jugeait qu'il ne lui était cependant pas permis de céder à la menace. Incertain, irrésolu, il ne savait quel parti prendre. Les archers l'ajustaient d'un air très-déterminé, lorsqu'une jeune dame parut et ordonna, de la part de son père, aux hommes d'armes de se retirer. Ils obéirent, et la jeune dame, adressant la parole à Mendoce, le pria de passer, d'un ton, d'un air qui lui allèrent à l'âme.

La beauté de la jeune personne l'avait vivement frappé; sa voix acheva l'enchantement. Il se leva, lui fit une profonde révérence, et s'éloigna, plein de l'objet qu'il venait de voir, et que, selon les apparences, il ne reverrait plus.

Cerdagne était rentré chez lui, plein de joie d'avoir conduit le fugitif jusque dans ses terres. Il ne fallait, pour l'y fixer, que lui faire voir Séraphine; mais Cerdagne voulait qu'elle le secondât sans pénétrer ses projets. Il savait que les cœurs ne se donnent point par avis de parens, que les obstacles, au contraire, font naître l'amour, même chez les gens indifférens, et que la constance de Mendoce dépendrait uniquement des difficultés qu'il croirait avoir surmontées.

En conséquence il ordonna, en rentrant chez lui, que son château, toujours ouvert, fût fermé à tout le monde. Sa fille n'avait jamais usé de la liberté décente qu'on lui accordait, et cette espèce de contrainte lui déplut. Cependant, respectueuse et docile, elle ne se permit aucune réflexion. Sa charmante figure se couvrit d'un léger nuage; son père s'en aperçut, et s'en applaudit en secret.

Il sourit quand le nain vint lui dire qu'un jeune seigneur, fort bien mis, refusait de s'éloigner des environs du château. Il fit des questions sur ce jeune audacieux. Il était beau comme un ange, d'une taille, d'une tournure parfaites, et sa voix était pleine d'expression, quoiqu'il fût opiniâtre, et même impertinent. Séraphine écoutait en paraissant s'occuper d'autre chose; elle souriait aussi au tableau que le nain faisait de Mendoce, tableau d'autant plus vrai qu'il n'était pas étudié, car Cerdagne n'avait pas mis le petit homme dans sa confidence. Elle jeta, à la dérobée, un coup-d'œil sur son père. Il l'observait d'un air riant; tout-à-coup sa figure se rembrunit, son sourcil se fronça, ses yeux s'allumèrent, et il ordonna d'un ton terrible à ses archers de monter sur la tourelle, et de percer de leurs flèches le téméraire qui oserait lui désobéir. A cet ordre, Séraphine pâlit, et représenta avec douceur à son père qu'il est cruel de tuer un beau jeune homme parce qu'il regarde un château. Cerdagne répéta l'ordre, les archers partirent; mais leur chef avait le mot.

Séraphine, seule avec son père, continua, d'un ton timide, ses premières observations. Elle ajouta que probablement le jeune seigneur était galant, et que sans doute il accorderait à la première demande d'une femme ce qu'il refusait à la force, et que ce moyen était bien plus dans le caractère de son père, que celui qu'il se proposait d'employer. Cerdagne ne répondit rien; sa fille le regarda tendrement, lui baisa la main; et, jugeant par son silence de son acquiescement à ce qu'elle proposait, elle courut sauver la vie d'un homme pour qui Cerdagne eût volontiers exposé la sienne.

Dès que ce père, aussi prudent qu'adroit, eut perdu sa fille de vue, il se laissa aller à la joie que lui causaient des commencemens aussi heureux. « Ils se verront, dit-il; charmans tous deux, ils se plairont : le temps et l'étourderie de Mendoce feront le reste ».

Il fit partir secrètement Pédrillo pour le château d'Aran. Il était bien naturel de rassurer un père et une mère désolés, et de les faire renaître à l'espoir de l'avenir le plus heureux.

Mendoce se promenait dans le parc, uniquement occupé de la jeune dame qu'il venait de voir. « L'aimerai-je, disait-il? Non, je ne l'aimerai pas; elle est trop intéressante pour la rendre malheureuse, et ma funeste inconstance produirait en effet... Mais je parle, en vérité, comme si j'étais sûr de plaire, comme si cet objet enchanteur avait vécu caché à tous les yeux, et qu'il m'eût attendu pour aimer. Et puis le seigneur de ce château est sans doute un homme puissant; il doit avoir des vues pour sa fille.... Oh! on a rompu plus d'un mariage arrêté..... Oui, mais mes étourderies..... Je dois avoir dans le pays une réputation détestable...... Allons, allons, ne pensons plus à tout cela, et chantons ».

Trufaldin, lui, se remettait insensiblement chez le concierge. Ses idées reprenaient de la suite, et son estomac parla d'une manière énergique. Il se restaura, il jasa ensuite, et le concierge ne répondait que par oui et par non. Cependant quand il vit Trufaldin s'affliger sérieusement de ce que des oies avaient empêché l'enfant prodigue d'être rendu à ses parens, quand il l'entendit regretter sa grosse Inès, il jugea qu'il savait le secret du voyage de Rotrulde, et il pensa qu'il est plus dangereux de jouer au fin avec des gens instruits que de chercher à les gagner tout-à-fait par la franchise. Il instruisit donc Trufaldin qu'il était chez le comte de Cerdagne. A cette nouvelle, Trufaldin, dégoûté plus que jamais des aventures, but six coups de plus, et dévora un faisan en quatre bouchées. Dans les intervalles il interrogea le concierge sur les desseins ultérieurs du comte de Cerdagne, et le concierge, qui ne savait que ce qu'il fallait pour remplir ses ordres, ne put satisfaire le curieux écuyer. « Mais, disait Trufaldin, pourquoi fermer son château? — Je n'en sais rien. — Il veut donc que le jeune homme lui échappe encore? — Je ne crois pas. — Il était plus simple de le recevoir, de l'accueillir, de l'amuser, et de faire arriver le papa. — Sans doute. — Et puis, s'il y a encore au château quelque beauté qui puisse remplacer Rotrulde. — Comment, s'il y en a? mademoiselle de Cerdagne est la plus belle personne de toute l'Espagne. — Eh! que diable, à quoi pense donc ce père? il fallait la faire voir à Mendoce, il en serait devenu passionnément amoureux, et le reste allait de suite; au lieu qu'il partira d'ici au premier moment; il faudra que je le suive; et comme le mal va toujours en croissant, je perdrai la vie à la première catastrophe qui ne manquera pas de m'arriver. En vérité, c'est fort désagréable. — J'en conviens, mais j'approuve la conduite de mon maître. Sans doute Mendoce aimerait Séraphine, tout le monde l'aime; mais elle pourrait l'aimer aussi, et on ne peut penser à la marier à un fou de cette espèce-là. — Bah! il ne serait pas le premier étourdi que le mariage aurait corrigé. — Il ne serait pas prudent d'en courir les risques ».

Pendant que ces deux bonnes têtes se perdaient en raisonnemens, Mendoce, riant, chantant, rêvant, rentrait à la maisonnette. Son premier soin, comme vous le pensez bien, fut de demander le nom du seigneur qui avait une fille si accomplie, et qui ne voulait pas qu'on regardât seulement le haut de ses tourelles. Le concierge répondit qu'il se nommait Ripal : c'était en effet le nom de famille de

Cerdagne, et personne ne pouvait être accusé d'avoir usé de finesse, quand tout se découvrirait.

Mendoce savait que Cerdagne était l'ami le plus intime de sa famille, et jamais il ne l'avait entendu désigner que sous ce nom. Il fut un peu étonné d'en entendre un qui lui était inconnu, à aussi peu de distance des domaines de son père. Trufaldin lui rappela qu'il avait quitté très-jeune les foyers paternels, qu'il ne se souvenait pas des noms de tous ses voisins, et que le seigneur de Ripal n'étant peut-être pas lié avec le comte d'Aran, il n'était pas extraordinaire que ce nom ne l'eût jamais frappé. Ce qui véritablement l'intéressait plus que tout le reste, c'était la beauté de Séraphine. S'il n'était pas absolument décidé à lui faire sa cour, il n'avait pas de raison de l'éviter. Il voulait vivre à une telle proximité du château d'Aran, qu'on ne pensât point à le chercher là, et c'est peut-être le moyen le plus sûr d'échapper à toutes les perquisitions. Le seigneur de Ripal paraissait être une espèce d'ours qui ne sortait pas, qui ne recevait personne, et qui ne l'exposerait à aucun inconvénient ; et puis, à avantage égal, le voisinage d'une demoiselle charmante a toujours quelque chose d'engageant.

En chantant, en dansant, en riant, Mendoce déclara au concierge qu'il était tout-à-fait livré à la philosophie, qu'il fuyait le commerce des hommes, qu'il cherchait une retraite isolée où il pût librement méditer, et il lui proposa, en faisant une pirouette, de le prendre en pension chez lui.

Le concierge fit des difficultés. Il était logé petitement ; sa table était frugale; Mendoce manquerait des soins auxquels il était sans doute accoutumé, et le philosophe répondait à cela qu'un homme raisonnable devait se contenter d'une chambre et d'un lit; que la sobriété entretient la santé du corps et la clarté des idées, et que le sang n'a besoin des soins de personne. Le concierge se défendit; Mendoce insista; il donna de l'or; il crut avoir remporté une grande victoire quand le bonhomme lui eut accordé une chose à laquelle il avait ordre de l'amener, si elle ne venait pas naturellement de lui. S'il s'y refusait, le concierge devait donner un signal, d'après lequel Cerdagne se déterminerait.

Trufaldin était enchanté de ces arrangemens. Boire, manger, dormir! ne voir que le concierge, trop vieux pour être dangereux! n'avoir à craindre que le feu du ciel, espérer de retrouver Inès dans quelque coin du parc! Quelle vie! Il n'était pas même à présumer que ce bonheur ne serait que passager. Monsieur l'écuyer prévoyait, ainsi que le lecteur, que tout cela finirait par une réconciliation générale. Il n'avait qu'un désagrément, c'était d'être obligé de garder le secret; oh! c'était dur... dur! Mais un mot éclairait Mendoce, lui faisait prendre la fuite; Trufaldin perdait Inès, le repos, une bonne table, et il pouvait rencontrer des oies, des inquisiteurs, et peut-être pis encore.

Le lendemain Mendoce se leva de bonne heure, et sortit pour aller méditer. La méditation le conduisit vers le château, non pas du côté du pont-levis; le nain l'aurait distrait des grands objets qui l'occupaient, et les tourelles voisines du pont servaient sans doute de casernes aux soldats que le seigneur de Ripal entretenait pour sa garde. Le philosophe tourna les derrières du château; et, tout en regardant le ciel, source de toutes vérités, ses yeux se rabattaient de temps en temps sur le haut des tours, sur les créneaux, sur les croisées des bâtimens renfermés dans cette enceinte. Une jalousie s'ouvrit !....

A dix pas derrière Mendoce était un tertre assez élevé. Il y court, il se lève sur la pointe des pieds, son œil pénètre dans l'appartement; il reconnaît la fille du redoutable châtelain. Elle est assise : d'une main elle caresse son épagneul, de l'autre elle tient un livre qui paraît l'occuper sérieusement. Hélas! la pauvre enfant ne lisait pas; ses regards étaient fixés sur le chevalier, sans doute par pure curiosité.

Son amour-propre fut flatté de la manière décente et pourtant pleine d'intérêt avec laquelle Mendoce la regardait. Elle le trouvait au-dessus de ce que le nain avait dit; elle l'examinait dans le plus grand détail, parce qu'elle avait à peine eu le temps de le voir lorsqu'elle lui avait sauvé la vie, à ce qu'elle croyait, au moins. Elle disait : « Quel dommage de tuer un homme comme cela », et elle faisait des caresses de plus à son épagneul. Était-ce bien lui qu'elle caressait?

Cerdagne était averti que Mendoce restait immobile comme un terme devant les croisées de sa fille. Le jeune homme ne l'avait jamais vu; il n'était donc pas possible qu'il le reconnût. Cerdagne était bien aise de le voir aussi, et c'est tout simple; il voulait connaître quelle impression le jeune homme faisait sur Séraphine, et il entra chez elle sans s'être fait annoncer. Elle se leva précipitamment, courut fermer sa jalousie, parce que le soleil commençait, disait-elle, à être chaud. « Mais non, dit le comte, il est encore bien matin, et je comptais te lire près de ton lit ». En disant cela, il ouvrit brusquement la jalousie; Mendoce, qui rêvait sérieusement, n'avait pas pensé à changer de position. L'aspect de Cerdagne l'effraya; ce n'était pas lui qu'il attendait. Il se retourna vivement, s'enfonça dans le parc; mais la tendre curiosité de Cerdagne était satisfaite; il avait entrevu un chevalier accompli, et, sans en rien dire à sa fille, sans lui laisser soupçonner qu'il eût remarqué le jeune homme, il fut plus caressant, plus aimable que jamais.

L'après-dîner, Mendoce revint méditer au même endroit. Séraphine, qui trouvait beaucoup de charmes à la lecture du livre que son père lui avait donné, demanda la permission de se retirer chez elle. Son père l'accorda en l'embrassant de tout son cœur, et en se félicitant intérieurement : ce livre était le plus ennuyeux de sa bibliothèque, et il l'avait choisi à dessein.

Ce manége durait depuis quelques jours. Mendoce ne se contenait plus qu'à peine. Séraphine commençait à s'interroger sur la situation de son petit cœur, et fille qui s'interroge sur ce sujet aime déjà beaucoup, ou je me trompe fort. Pédrillo ne revenait pas; Cerdagne s'impatientait, et ne concevait pas davantage que Guzman, le beau page qui accompagnait Rotrulde, ne fût pas rentré au château avec ses gens. Il ne paraissait plus douteux qu'il ne fût arrivé à ce jeune homme, qu'il affectionnait, quelque chose de funeste. Il y rêvait un soir, quand on lui dit qu'une petite femme fort jolie demandait à être introduite dans le château. Ce mot : une jolie femme, faisait encore une sorte d'impression sur Cerdagne. Il ordonna qu'on la fît entrer, et fut assez étonné de la voir tomber à ses pieds. C'était la petite veuve que le seigneur Guzman s'était si obligeamment chargé de reconduire chez elle.

« Seigneur, j'ai fait une grande faute. — Vous n'en pouvez faire que de très-agréables. — Je me suis mariée sans votre consentement. — Vous n'êtes pas ma vassale; je vous connaîtrais. — Non, seigneur, mais... — Mais, ma petite, vous n'aviez pas besoin de mon consentement. — Non pas moi, seigneur, mais votre page Guzman.... — C'est lui que vous avez épousé? — Que voulez-vous, seigneur, il est si beau, si aimable!...... — Et vous si tendre! — Que je me suis laissée persuader. — Parbleu! le fripon, il n'est pas maladroit: il me renvoie notre déserteur, et il me ramène une jolie femme. — Monseigneur ne m'en veut pas? — Non, sans doute. — Ni à mon petit mari? — Pas davantage. Je voudrais, ma petite, que mes domaines fussent peuplés de femmes comme vous. — Qu'y gagneriez-vous, monseigneur? — Au moins je n'y perdrais rien; et il n'est pas sûr qu'aussi bien que mon page... ».

Je n'ai jamais su la suite de la conversation. Ce qu'il y a de certain, c'est que la petite, en quittant Cerdagne, parut extrêmement contente de lui, que le suzerain érigea en sa faveur une nouvelle charge dans sa maison, celle de coadjutrice, à madame Théodora, qui vieillissait, et n'était plus que méchante, mais que l'on considérait en faveur de ses services passés et de ceux qu'elle pouvait rendre encore. Au reste, l'emploi de femme de charge d'un grand seigneur était tout ce que pouvait prétendre l'épouse d'un page, qui n'étaient et ne sont encore en Espagne, la cour exceptée, que d'honnêtes valets.

Rotrulde avait incontestablement des droits à la survivance; mais Cerdagne tenait essentiellement aux obligations du moment, et Rotrulde, en félicitant la nouvelle arrivée, lui observa, avec dépit, que sa rougeur attestait des soins rendus qui commandent la reconnaissance. « Il paraît, madame, lui dit la petite, que les vôtres ont été oubliés. — Moi, madame! cela vous plaît à dire. — Ah! madame est si jolie.... — Mais, madame, autant qu'une autre. — Oh! bien plus, madame, et voilà pourquoi monseigneur n'a pu négliger des attraits.... — Il a pu leur rendre hommage, madame, mais la sagesse....... — La sagesse! Ah! madame, toutes les femmes en parlent, surtout à un certain âge. — L'impertinente! — Ce mot, dans votre bouche, madame, équivaut à véridique ».

Cerdagne s'amusait de tout. Il écoutait derrière une portière, et la scène venait de prendre une tournure qui devait assembler les gens de la maison, et leur donner à rire aux dépens de leur maître. Le comte aimait beaucoup les peccadilles; il détestait l'éclat. Il parut, emmena Rotrulde, la consola probablement, puisqu'elle ne se plaignit plus, et manda son page.

Un grand seigneur se familiarise volontiers avec les femmes de tous les états, qui ont ce je ne sais quoi qui fait taire la fierté; mais devant les hommes, l'orgueil reprend ses droits; et le pauvre Guzman, qui avait vivement à se plaindre de son maître, sans s'en douter pourtant, le pauvre Guzman essuya la plus verte des mercuriales. Son maître lui fit sur l'état, la moralité, les facultés de sa femme, des questions de forme, mais prononcées d'un ton à intimider. Quant à la moralité, monseigneur savait à quoi s'en tenir, et son page l'assura que sa femme était la vertu même; pour l'état, ils n'avaient rien à se reprocher; la petite était fille d'un paysan, et Guzman avait eu pour père un piqueur du château. Du côté des facultés, il avait tout à gagner, puisqu'il n'avait rien, et que sa petite femme lui apportait en dot un joli domaine. L'enfant de Pacôme, de Mendoce, ou des autres, était en nourrice, et devait un jour passer pour un neveu; il n'en fut fait aucune mention à monseigneur. Le domaine était loué très-avantageusement. Au total, Guzman avait fait une très-bonne affaire en spéculation,

et

et même en affection, car la petite lui avait plu au premier coup-d'œil; aussi Cerdagne, bien aise de les garder tous deux, termina-t-il la séance, ainsi qu'il l'avait projeté, par des recommandations générales. Il éleva Guzman au grade d'écuyer, en faveur, dit-il, des soins qu'il s'était donnés pour ramener Mendoce; et il se proposa bien de l'occuper au dehors d'une manière si suivie, que sa femme manquât tout-à-fait d'occupation, ce qui pourrait le faire passer, lui, pour un passable pis-aller. Indépendamment de cela, l'intérêt ne perd jamais ses droits sur les femmes; et puis elles trouvent toujours, je ne sais pourquoi, quelque gloire à fixer un grand seigneur dont souvent elles ne se soucient guère.

Guzman venait de sortir pour aller se féliciter avec sa femme des bontés de monseigneur, lorsque le vieux Pédrillo entra, la figure rayonnante, le rire sur les lèvres, un bras et une jambe en l'air, annonçant l'arrivée du comte d'Aran et de son épouse. Ils n'avaient pu résister à l'envie de revoir plutôt un méchant, un libertin, un ingrat, mais un enfant toujours adoré. Infirmes avant l'âge de la caducité, ils étaient montés en litière; Pédrillo les avait conduits, les avait introduits au château au déclin du jour, et les avait cachés dans sa chambre.

Cerdagne courut les y trouver. Epanchement de sa part, remercîmens, marques de reconnaissance de la leur, impatience d'embrasser le cher enfant, de lui pardonner, de le marier, de le ramener. Objections de Cerdagne, représentations, sollicitations, supplications. On pouvait tout perdre en pécipitant quelque chose, et, en laissant faire l'amour, on arriverait sûrement au but si long-temps désiré. « Ah! du moins, si nous pouvions le voir! — Vous le verrez demain. Je vais vous cacher dans une chambre au-dessus de celle de ma fille, où le père Pédrillo, homme sûr et discret, vous servira. Vous serez un peu resserrés..... — Eh! qu'importe? — Mais vous aurez toutes les commodités de la vie. Demain au point du jour il viendra du fond du parc faire l'amour à Séraphine; Séraphine lui rendra ses révérences, répondra à ses signes; leurs soupirs communs se perdront dans les airs. La scène sera longue; elle se renouvellera le soir; vous verrez tout à votre aise le plus joli homme d'Espagne; mais, encore une fois, pas d'indiscrétion; s'il vous aperçoit, il s'échappe, et ce sera à recommencer ».

Le comte et la comtesse se laissent

conduire. Qu'on est faible quand on est père! dira le lecteur célibataire. Que cette scène est vraie, dira le lecteur, père sensible d'un fils dérangé! On les enferme dans une petite chambre incommode, sans jour que celui d'une lucarne qui donne sur le parc. Un excellent lit composé à la dérobée est ce qu'on leur offre de mieux. Pédrillo leur porte des viandes froides dans ses poches, du vin tel qu'il a pu le voler au sommelier; il remporte sa lampe, de peur qu'une clarté extraordinaire ne donne des idées aux gens de la maison qui habitent les chambres voisines. D'Aran et sa femme soupent à tâtons, se couchent comme ils peuvent, ne dorment pas, et pourtant sont heureux: le lendemain ils verront leur fils; ils ne seront pas obligés de lui marquer une sévérité que leur cœur démentirait; puisqu'ils n'en seront pas vus, leurs larmes paternelles couleront en silence, et ils auront le plaisir de les confondre.

Pourquoi la femme la plus sage trouve-t-elle toujours, sans le chercher, sans même y penser, des expédiens qui l'approchent du but? c'est que la sagesse se tait à mesure que l'amour se fait entendre, que l'austère vertu finit par devenir attentive au langage séducteur, et que souvent elle trouve l'art de justifier les démarches les plus inconsidérées. Vous allez conclure de ceci que Séraphine se permettra des choses hasardées; non, elle ne va rien faire que d'innocent; mais l'innocence a un bandeau sur les yeux, et elle ne fait point un pas qui ne soit dangereux.

Séraphine dès le point du jour lisait à sa croisée. Mendoce avait devancé le soleil. Il attendait un regard pour exprimer son amour, son impatience, son chagrin. Cerdagne, enfermé avec le comte et la comtesse d'Aran, partageait leur joie, comme il avait partagé leur douleur. Le contentement était tel, que si Mendoce eût paru devant eux, ils n'auraient eu que la force de l'embrasser; la morale ne fût venue qu'ensuite, et elle n'eût pas été vigoureuse.

Mendoce avait fait des efforts incroyables pour contenir jusqu'alors la fougue de son caractère. Il sentait bien que la fille du seigneur de Ripal ne pouvait être menée comme une grisette; mais aussi il n'entendait pas faire éternellement l'amour avec les yeux. Cependant quel parti prendre? La belle demoiselle lit, on peut lui écrire; il n'y a que ce moyen; mais comment faire parvenir un billet dans un château toujours fermé, et dont les gens sont invisibles? La chose paraît impossible. N'importe, il faut écrire, et si ses assiduités ne déplaisent pas à la belle Séraphine, elle trouvera peut-être... Il tire son crayon, un beau petit morceau de vélin, il s'assied, et écrit sur son genou.

Séraphine avait tout vu. Elle devinait à qui s'adressait le billet; elle brûlait de le lire; mais il fallait qu'il lui parvînt comme par hasard, sans qu'elle eût l'air de s'y prêter, et que sa fierté ne fût pas compromise. Elle avait une tourterelle très-apprivoisée, et qu'elle aimait beaucoup. A l'instant où Mendoce n'avait encore tiré que son crayon, elle avait pénétré son dessein, elle avait pris l'oiseau, elle le caressait sur le bord de la croisée, et sans doute le beau jeune homme ne pouvait pas soupçonner qu'on pensât à envoyer un courrier recevoir une lettre qui n'était pas écrite. L'ingénue et adroite demoiselle tire une plume à l'oiseau; la douleur agit sur la tourterelle, elle s'envole dans le parc; Séraphine pousse un cri de désespoir qui n'avait aucune vérité; Mendoce lève la tête, voit l'oiseau chéri, et la demoiselle, les bras tendus, semblait dire de l'air le plus suppliant : ah! par grâce, daignez me le rendre.

Mendoce se lève; il appelle l'oiseau; il lui présente le doigt; le petit animal vient s'y percher. Mendoce le prend, le couvre de baisers, l'enferme dans son sein, achève son billet, l'attache sous une aile de la tourterelle, la baise, la rebaise, et lui rend la liberté. La tourterelle, déjà fatiguée de l'espèce d'esclavage qu'elle vient de subir, reprend sa volée, et va se percher sur l'épaule de sa maîtresse. Séraphine la prend, la baise à son tour, et Mendoce croit distinguer que ces baisers couvrent les ailes et le bec qu'il vient de caresser si tendrement. Une seule chose l'afflige, c'est que mademoiselle de Ripal fait rentrer l'oiseau dans sa cage, sans avoir pris le billet. « Sans doute, dit-il, le trouble où elle était ne lui a pas permis de s'apercevoir que j'écrivais; et si quelqu'une de ses femmes, si son père impitoyable joue avec l'oiseau, et trouve une lettre, Séraphine sera compromise, grondée, maltraitée peut-être.... Etourdi que je suis »!

Séraphine voulait qu'il pensât tout cela, et elle s'était remise à lire, en affectant beaucoup d'attention, et ayant constamment un œil sur Mendoce. Elle réfléchissait aux suites d'une indiscrétion qu'elle commençait à se reprocher. Ce billet tant désiré était en sa possession; elle pouvait le lire, elle n'osait, elle ne voulait même pas y toucher en ce moment. Elle se proposait de le remettre à son père, de le déchirer sans le lire, de le détacher en présence du beau jeune homme, et de le jeter tout ployé dans le fossé. Le premier moyen exposait le jeune chevalier au ressentiment de son père : il fut donc rejeté. Le second ne sauvait pas sa gloire : le jeune homme ne doutait pas qu'elle n'eût lu sa lettre, et peut-être avec plaisir. Le troisième le désespérerait; et comment réduire au désespoir un beau garçon qui passe les jours entiers devant sa croisée pour le seul plaisir de la voir? Chacun de ces partis présentait des inconvéniens graves, affligeans, terribles; il ne s'en offrait pas d'autres à son imagination ; et en effet il fallait opter de lire la lettre ou de ne pas la lire.

Elle fit ce que tout autre aurait fait comme elle; seulement elle usa d'une petite ruse qu'elle croyait insignifiante, et qui pourtant signifiait tout. Elle tourna précipitamment la tête vers sa porte, comme si quelqu'un entrait chez elle; elle ferma vivement sa jalousie, et Mendoce jugea que son père venait la visiter, et qu'elle craignait qu'il ne l'aperçût dans son parc. Il en conclut qu'il inspirait une sorte d'intérêt; mais en même temps il trembla pour le malheureux billet. Il se retira derrière des arbres touffus, et attendit que la jalousie se rouvrît : elle ne devait plus se rouvrir.

Les grands parens, témoins de tout ce manége, riaient, applaudissaient, s'attendrissaient, pleuraient, s'embrassaient : c'était à n'en pas finir. Ils ne voyaient pas Séraphine; mais l'expérimenté Cerdagne tirait des conjectures certaines de l'excursion de la tourterelle; il expliquait tout, ne se trompait que sur des circonstances assez indifférentes, et il n'avait qu'une inquiétude, c'était de savoir si sa fille répondrait. Il désirait, il se flattait que non; et en effet elle en était incapable.

Cerdagne se défiait beaucoup de l'indiscrétion de Trufaldin; ils s'étaient vus chez d'Aran; ils se trouveraient probablement ensemble, et l'écuyer pouvait d'un mot prouver au jeune homme que les pères sont trop heureux de pardonner. Pédrillo, Inès, Rotrulde, interrogés sur ce qu'il savait et sur ses dispositions, répondirent qu'il s'était engagé au secret par sermens, et qu'il était trop dégoûté des voyages pour être tenté de faire de nouvelles caravannes. Revenons.

La pauvre petite tenait le délicieux billet; elle le trouvait plein d'expression, d'ame, et surtout de respect; il annonçait les vues les plus droites; et Mendoce n'attendait qu'une réponse favorable pour faire connaître au seigneur de Ripal sa famille, assez respectable et assez opulente pour ne pas craindre un refus. Elle soupira en se rappelant que son père lui avait quelquefois donné à entendre qu'il avait des vues sur elle, dont il s'expliquerait quand il serait temps. Comme on croit tout ce qu'on redoute, elle ne douta point qu'il n'eût conclu quelque mariage de convenance, et que sa réserve ne vînt de l'âge, de la laideur ou de quelque difformité du cavalier dont le nom ne pourrait la surprendre que désagréablement. Son imagination lui créa alors le futur le plus rebutant, sous tous les rapports, que la nature, injuste quelquefois, ait jamais pu produire. Elle se retraçait ensuite les agrémens enchanteurs de Mendoce, et des pleurs étaient le résultat de la comparaison. Ah! si elle avait su ce qu'on projetait pour elle ! mais son père savait que le bonheur durable est celui qu'on achète par des peines, des privations, de la persévérance, et il avait raison, surtout à l'égard de Mendoce.

Cependant, quelque sensible que fût Séraphine, elle sentit que, répondre à un inconnu, c'était outrager son père, blesser la bienséance, et elle aima mieux que le beau jeune homme l'accusât d'indifférence, d'ingratitude, que de lui donner lieu de juger défavorablement de sa sagesse. Elle tint sa jalousie constamment fermée, et, à un moment où elle sentit faiblir sa résolution, elle sortit brusquement de sa chambre, et courut près de son père rendre de nouvelles forces à sa vertu. Ah! si toutes les filles se conduisaient ainsi!

Mendoce était revenu dix fois dans la journée; dix fois il avait trouvé la cruelle jalousie fermée. Tantôt il craignait que le seigneur de Ripal n'eût vu son billet, et n'eût renfermé sa fille; tantôt il craignait que sa fille elle-même ne l'eût lu enfin, et ne le punît d'avoir eu la témérité de lui écrire. Son imagination se monte, se volcanise. « J'étais heureux, dit-il, je la voyais, cette jouissance me suffisait, et je sens que je ne peux m'en passer. Allons, il faut faire un coup de tête », et il va trouver Trufaldin.

« Mon ami, disait Cerdagne au comte d'Aran, nos affaires vont à merveille, et la réserve de ma fille, sa défiance d'elle-même, qu'annonce son assiduité près de moi, tout cela me comble de joie. Mais il faut prendre garde que des obstacles insurmontables ne rebutent enfin notre cher Mendoce. Je ne veux pas qu'il aille trop vîte, mais il ne faut pas le désespérer. Donnons-lui quelque facilité : il a écrit un billet, et il ne s'en tiendra pas là ». Cerdagne ordonna qu'on baissât le pont-levis, que les gens de la maison allassent et vinssent comme de coutume; il recommanda seulement à ceux et à celles que Mendoce avait vus, de garder exactement leurs chambres. Il déclama devant l'acariâtre Théodora contre les jeunes gens qui cherchent à plaire aux demoiselles contre le gré de leurs parens. Théodora prit feu, et apprit à Cerdagne que le jeune téméraire, que ses archers avaient été sur le point de percer de leurs flèches, ne cessait depuis quelques jours de rôder dans le parc. Cerdagne fut très-surpris d'apprendre une semblable nouvelle; il protesta qu'il veillerait sur les démarches du jeune audacieux; Théodora répliqua qu'elle veillerait mieux que personne: c'était ce que demandait Cerdagne. Il voulait laisser les portes ouvertes, mais il fallait un cerbère qui, sans rendre nulles les petites ruses de l'amour, le tînt en haleine quelque temps encore, et personne n'était plus propre à remplir ce rôle avec vérité et exactitude que Théodora, qui était méchante, et qui ne se doutait pas des arrangemens des deux familles.

Mendoce avait abordé Trufaldin avec sa vivacité ordinaire, qu'augmentaient, qu'irritaient encore les obstacles imaginaires qu'on lui présentait à chaque pas. Trufaldin, heureux et tranquille, sans inquiétude sur les suites de ce qu'entreprendrait son maître, était disposé à le seconder de tout son pouvoir. Le moment où Mendoce entrerait chez Cerdagne, par la porte ou par la fenêtre, était celui qui le rapprocherait de sa grosse Inès. Il ne pouvait rien proposer à cet égard; son maître, qui connaissait sa poltronnerie accoutumée, n'eût pas manqué de concevoir des soupçons; mais il pouvait se rendre aux ordres répétés du jeune amoureux, en affectant, pour la forme, la résistance qu'il avait toujours opposée à ses entreprises. « Mon cher ami, lui dit Mendoce, je suis amoureux, très-amoureux, la tête m'en tourne. — Amoureux comme vous l'avez toujours été. — Comme il est impossible de l'être. — En vérité! — Et d'une personne accomplie — Cela va sans dire. — Je n'ai pu encore juger de son caractère ni de son esprit. — Ah! jusqu'à présent vous ne lui avez parlé que des yeux. — Mais elle entend parfaitement ce langage. — Et elle y répond d'une manière positive? — Elle y répondait d'abord; mais je crois que je suis un peu brouillé avec elle. — C'est de bonne heure; et cette beauté se nomme? — Tout ce que je peux t'en dire, c'est qu'elle est probablement la fille du seigneur de ce château. — Du seigneur de Ripal? prenez garde, monsieur, prenez garde à ce que vous allez faire. Le seigneur Ripal a fait du bruit dans le monde, et je doute qu'il entende raillerie sur le chapitre de l'honneur. — Ce n'est pas cela qui m'embarrasse. — En effet, du caractère dont vous êtes, je ne vois pas ce qui pourrait vous embarrasser. — Je ne le suis que sur les moyens d'avoir accès auprès de la demoiselle. — Demandez à voir le papa, donnez-vous pour ce que vous êtes; il serait bien difficile s'il vous refusait. — Imbécille! est-ce au père que je veux faire la cour? Et puis ces pères sont quelquefois si bizarres! Si je ne convenais pas à celui-ci..... — Ce qui, au fait, n'est pas impossible. — Il m'amadouerait, il m'amuserait, il écrirait au comte d'Aran, et une belle nuit..... la tour du nord, tu sais bien. — Oui, cela est embarrassant. — Très-embarrassant. D'abord je reprendrai le nom d'Almanzor, je répéterai à l'aimable objet l'histoire que tu as débitée au seigneur Gonzalve, avec quelques changemens cependant, car elle n'était pas trop vraisemblable. — Dame, monsieur, quand on improvise... — Voyons d'abord à nous introduire. — Par où? — Je n'en sais rien; mais il faut entrer, voir mademoiselle de Ripal, étudier ses inclinations, ses qualités. — Comment, diable! de la prudence! — Oh! je ne veux plus faire de sottises. — Ah! à la bonne heure. — Et si elle est digne du sacrifice de ma jeunesse..... — Vous l'épouserez? — Avec un plaisir inexprimable. Allons, marchons vers le château. J'imagine qu'il nous y arrivera des choses extraordinaires. — Cela n'est pas de première nécessité. — C'est un privilége attaché aux monumens gothiques. Vois-tu ces donjons qui défient les siècles, ces créneaux couverts de mousse, ce pont-levis...... Ah! il est baissé, le pont-levis! Nous entrons d'autorité, nous cherchons la chambre de mademoiselle de Ripal, nous assommons ceux qui veulent nous barrer le chemin.... — Eh! par grâce, n'assommons personne. — Nous parcourons de longs corridors abandonnés aux vents; nous passons devant des salles délabrées, que ferment des portes de six pouces d'épaisseur, criant avec effort sur d'énormes gonds que dévore la rouille; nous nous égarons, nous trouvons des souterrains humides et infects, des lampes sépulcrales, des urnes funéraires, des sortiléges, des prodiges, du poison, des poignards........ — Ah! mon Dieu, mon Dieu! quel plaisir trouvez-vous à vous tourmenter ainsi, vous et les autres? — J'aime les grands effets. — Et moi le naturel. Cherchons, monseigneur, cherchons le chemin de la chapelle, et engagez votre belle à vous y suivre ».

En causant, ils arrivèrent sur le revers du fossé. Plus de nain, d'archers; tout est calme, on paraît sans défiance, et Mendoce s'avance le jarret tendu, le nez au vent, et la main sur la garde de son épée. Une femme assez laide passe le pont; elle voit nos chevaliers errans, et elle fait une mine qui ajoute à sa laideur. Quelle est cette guenon, dit Mendoce? — C'est probablement une fille suivante. — On l'a donc prise pour relever les appas de sa maîtresse? — Il est certain qu'elle n'a pas l'air affectueux. — Tu l'apprivoiseras. — Ma foi, j'en doute. — Aborde-la, fais-lui des contes. — Eh! bon Dieu! que lui dirais-je? — Ce que tu as dit à ta grosse Inès. — Quelle différence! Inès a quinze ans de moins. — Faites votre cour, monsieur, endormez cet argus, noyez-le s'il le faut, et moi je me glisse partout où je pourrai passer.

A peine a-t-il fini de parler, qu'il a traversé le pont-levis, la première cour, la salle des gardes. On court après lui, il va comme le vent, il tourne, il revient, il ouvre dix portes, il entre dans une salle basse, où il trouve Cerdagne entouré des premiers de ses vassaux. La figure noble du comte, ses manières grandes et aisées, le luxe qui brille partout, en imposent un moment au jeune homme; il se remet à la minute. « Je vous avoue, seigneur châtelain, que ce n'est pas vous que je cherchais; mais je suis enchanté que le hasard m'ait procuré l'honneur de vous voir, et je me ferai un plaisir de dissiper les impressions défavorables que vous avez pu concevoir de moi ».

Pendant qu'il s'explique avec autant de facilité que s'il eût pu compter sur un favorable accueil, Trufaldin était fort embarrassé de sa personne auprès de Théodora, qui était restée immobile près de lui, les poings sur les hanches, et qui le regardait d'un air à le faire trembler. Trufaldin ne doutait pas que celle qui paraissait avoir quelqu'importance, ne fût dans la confidence de Cerdagne, et, persuadé qu'il l'adoucirait en lui prouvant qu'il était aussi dans le secret, il l'aborda avec des révérences aussi gracieuses qu'on en peut faire quand on n'a pas eu de maître à danser, le maître le plus utile sans doute qu'on puisse donner aux jeunes gens. « Permettez-vous, madame...

— Je

— Je suis fille. — Souffrez donc, mademoiselle.... — Je m'appelle Théodora. — Vous n'aimez pas les politesses. — Ni les longues conversations. — Il y a de la sympathie entre nous. — Qu'appelez-vous de la sympathie? — Je parle peu, et je déteste les complimens. — Finissez donc, que voulez-vous? — Quel diable de caractère! Je voudrais.... — Vous voudriez.... Vous vous taisez? Vous êtes embarrassé? — C'est que.... — C'est que? — Je cherche le commencement de mon histoire. — Je vais vous la raconter. Il y a dans ce château une très-jolie personne que je suis chargée de surveiller; votre maître l'a vue par hasard, il en est amoureux, il veut l'obtenir, il ne l'aura pas : voilà ma conclusion. — Elle ne sait rien : quelle école j'allais faire! — Que dites-vous en vous tournant de l'autre côté? — Qu'il est inutile que j'aie l'honneur de vous entretenir davantage ». Et Trufaldin fait un demi-tour à droite, comptant gagner paisiblement la maisonnette, et laisser son maître se débrouiller comme bon lui semblerait. Théodora court après lui, le prend par une oreille d'une main, lui applique de l'autre un soufflet, lui ordonne d'expliquer dans le plus grand détail les vues de son maître; elle lui demande quel il est, ce qu'il fait, d'où il vient, où il va. Trufaldin, étourdi de tant de questions, ne répond pas, et cherche à débarrasser la seule oreille qui lui reste. Théodora trépigne, tempête, tire plus fort, et Trufaldin éperdu commence l'histoire du siége d'Antioche, d'Argant, d'Abaquaba et d'Ibiquibi, des dauphins, du corsaire de Tripoli, et il répète toutes les niaisesies qui avaient délicieusement occupé une soirée du seigneur Gonzalve. Mais Théodora n'était pas simple comme saint Joseph. Plus Trufaldin extravaguait, plus elle alongeait sa pauvre et innocente oreille. En se démenant, Trufaldin rencontra aussi celle de la dame, et ne lâcha plus. Elle tirait de son côté, il tirait du sien; tous deux criaient juraient, faisaient des grimaces à disperser une procession de possédés.

Cerdagne avait écouté d'un air plein d'aménité ce qu'il avait plu à Mendoce de lui débiter. Le petit fripon mentait avec grâce, il parlait avec une chaleur, une pureté qui enchantaient le beau-père. Il se reconnaissait, c'était lui qu'on représentait à vingt ans, et vingt fois il fut tenté de jeter ses bras au cou de Mendoce, et de terminer ce badinage. Un chevalier armé de pied en cap, la visière baissée, était derrière le fauteuil de

Cerdagne. « Rappelez-vous vos résolutions, seigneur, lui dit-il : il est essentiel d'y tenir ». Ce chevalier était le comte d'Aran ; il avait vu son fils approcher du pont-levis, il s'était masqué à la hâte, et il était venu très-vîte, pour un goutteux, rassasier ses yeux et son cœur.

Mendoce trouva très-mauvais qu'un tiers s'ingérât de donner des conseils contre lui. « Eh ! de quoi diable vous mêlez-vous, dit-il au chevalier ? êtes-vous l'émissaire de quelque rival favorisé ? êtes-vous ce rival lui-même ? dans l'un ou l'autre cas nous romprons une lance ensemble, et je demande le champ clos au seigneur de Ripal.

A ces mots, le seigneur de Ripal et le chevalier éclatèrent de rire. Mendoce, outré qu'on osât l'insulter, tira l'épée, sans s'embarrasser du nombre des vassaux qui entouraient le châtelain. Cerdagne, plus enchanté de lui que jamais, sentit cependant la nécessité de mûrir une pareille tête par des épreuves; il reprit cet air de dignité qui lui était familier, et qui en imposait à tout le monde; il s'avança vers son gendre futur, prit son épée, la remit dans le fourreau, lui présenta la main, et en lui disant de ces choses vaguement flatteuses que les grands ont toujours à leur disposition, il se faisait suivre par Mendoce, étonné de l'ascendant auquel il cédait.

Il avait cru tout gagner en s'introduisant dans le château, et il en sortait sans résistance. Si le seigneur de Ripal prenait de nouvelles précautions, il était probable qu'il n'approcherait jamais celle qu'il aimait au-delà de toute expression, et cependant il se laissait conduire par un père qu'il croyait contraire à ses projets, et ce père augurait bien de sa docilité. Quand il sera mon gendre, disait en lui-même Cerdagne, je ne veux être que son ami. Jamais de morgue, de déclamation; la jeunesse hait avec raison tout ce qui ressemble au pédantisme. J'extravaguerai, je rirai, je jouerai avec lui, et jamais je ne lui présenterai la morale que sous l'enveloppe du plaisir.

En repassant le pont-levis cependant, le petit comte d'Aran opposa quelque résistance. Il faisait la mine, il avançait de mauvaise grâce. « Venez, venez donc, seigneur Almanzor, lui disait Cerdagne; votre histoire est tout-à-fait intéressante; mais chacun a ses habitudes; la vôtre est de faire l'amour, la mienne est de respirer le grand air après dîner. Je vous entendrai dans mon parc, si vous le trouvez bon ». Il eut peur en voyant Théodora ; elle pouvait le nommer de son nom ordinaire; elle pouvait parler du comte d'Aran; mais Cerdagne était trop avancé pour reculer, et la civilité *puérile* le servit bien. La vieille fille avait appris dans son enfance qu'il est messéant d'appeler les gens par leur nom, et elle s'en était souvenue.

Il était temps que Cerdagne parût; Théodora et Trufaldin allaient finir par s'arracher chacun une oreille, sans compter les gourmades qui commençaient à aller. A l'aspect du maître, Trufaldin lâcha prise, Théodora aussi, et ils furent tous deux se ranger près de leur patron respectif.

« Mais, seigneur, reprit Mendoce, il y a de la cruauté à entraîner hors de chez soi un hôte de cinq minutes, faire courir un guerrier fatigué, sous prétexte de l'entendre plus commodément! — Vous trouveriez beaucoup plus poli que je fusse resté chez moi, que j'eusse fait appeler ma fille? — Oui, j'aime beaucoup la société. — Je le crois. — Et nous avons autant de loyauté que de courtoisie, dit Trufaldin, avec une profonde salutation ».

Ici la conversation s'engage assez généralement, et Théodora, qui se frottait l'oreille, qui se faisait une fête de se venger et de nuire, Théodora ne laissait pas échapper l'occasion de glisser son mot.

« Quoi! dit-elle, vous croyez ce que vous dit ce petit scélérat! — Oui, ma bonne, je le crois. Le seigneur Almanzor n'a pas d'intérêt à me tromper. Passionnément amoureux de la fille de don Fadrique........ — Allons, dit à part Trufaldin, il a fait aussi une histoire. — Quoi! reprit Théodora, le père de la belle

Abaquaba s'appelle don Fadrique! — Abaquaba, répète Mendoce étonné! — Eh! non, dit Cerdagne d'un air de bonhomie, elle se nomme Lusiana. — Lusiana, Abaquaba, poursuit Trufaldin, ce sont toujours des *a* ».

Le pacifique Trufaldin entrait dans les vues de Cerdagne, qui lui marqua sa satisfaction d'un coup-d'œil que personne n'intercepta, et l'acrimonieuse Théodora reprit du ton le plus humoriste : « Vous ne voyez pas, seigneur, que cet écuyer est un fripon qui se moque de vous, avec ses *a*, et je vous réponds que son maître ne vaut pas mieux. — Oh! que non! oh! que non, répondit Cerdagne; demandez plutôt à ce preux chevalier. Un descendant des Almanzor s'exposerait-il à perdre l'estime d'un brave Catalan? couvrirait-il des projets coupables du voile de l'hospitalité?

me paierait-il d'ingratitude, moi qui brûle de payer ma part de la dette qu'a contractée l'Espagne envers les rejetons d'un héros si fameux? Allons donc, quelle idée! Vous êtes toujours défiante, la bonne. — Ah, ah! reprit Mendoce, je vous soupçonne, seigneur, de ne l'être pas moins. — Quelle injure vous me faites, mon cher chevalier! — Non, il n'y a vraiment de différence que dans l'amabilité de vos manières, et cela n'est point étonnant: un seigneur qui a brillé à la cour, qui s'est distingué dans les tournois, et dont mille belles ont brigué la conquête. — Hé, hé! ce temps-là est un peu passé, mais je me le rappelle; je lui dois quelqu'expérience, et je m'en sers. Seigneur Almanzor, vous êtes un très-joli cavalier. — Oh! point de complimens, s'il vous plaît; rentrons. — Vous avez de la finesse, des grâces, de la gaîté, tout ce qui séduit les belles. —Trop poli, beaucoup trop, en vérité. — Mais si ma fille, très-jeune, très-ingénue, vous voyait une fois, et qu'elle se rendît à votre mérite éminent, jugez donc combien je me reprocherais d'avoir ruiné le repos de sa vie; car enfin rien ne vous ferait renoncer à la dame de vos pensées..... — Mais écoutez donc, seigneur, je ne sais...—Non, vous êtes incapable de la trahir, et l'inclination que vous pourriez inspirer à ma fille nuirait singulièrement à mes projets. — Ah! vous avez des projets! — Je l'ai promise à un jeune homme charmant, à ce qu'on dit. — L'avez-vous vu? — Non. — C'est quelque magot, je vous en réponds. — C'est le fils d'un de mes frères d'armes qui s'est couvert de gloire dans nos guerres contre les Maures. — Ce n'est point à votre fille à payer les dettes de l'état. — Mais je veux payer celles de l'amitié. — Et vous auriez la dureté de me renvoyer ainsi! — Ah! vous me rendez bien peu de justice. Je vous donnerai de l'argent, des domestiques, des chevaux, les lettres les plus pressantes pour le père de Lusiana, que je connais beaucoup... — C'est trop généreux, en vérité. Je ne souffrirai pas que vous vous mettiez en frais. Je resterai ici, et...—Vous partirez, s'il vous plaît. Telle est mon intention, seigneur Almanzor, et vous voudrez bien vous y conformer. — Quoi! sérieusement? — Oh! très-sérieusement. Faut-il, pour vous déterminer, m'expliquer sans détour, et mettre fin à ces plaisanteries? Don Fadrique, que peut-être vous ne connaissez pas, n'a point d'enfant. — Ah! diable! — Et la maison d'Almanzor, dont vous vous dites issu, n'existe point en Espagne;

ce nom n'est pas même espagnol. — Me voilà pris. — Cela vous déconcerte un peu. Remettez-vous; je ne vous ferai pas de reproches. J'ai moi-même été trop jeune pour n'être pas indulgent; mais l'indulgence à ses bornes, et si quelqu'un, qui me paraît d'un état distingué, s'oubliait jusqu'à méconnaître ce qu'il doit à mes procédés, j'ai des moyens sûrs de le ramener, sinon à la raison, du moins au repentir. — Seigneur, je ne souffre pas la menace. — Ni moi une offense faite avec réflexion. — Tout autre que le père de Séraphine ne me tiendrait pas impunément ce langage. — Et tout autre que ce père prudent vous eût déjà réduit au silence ».

Ici Cerdagne se retourne pour ne pas éclater, ici Théodora le pousse avec le coude d'un air qui voulait dire : hé! allez donc. Ici Trufaldin, prompt à s'effrayer, ne sait ce qu'il doit penser de la feinte colère du comte. Il prend Mendoce dans ses bras, il l'entraîne; il s'écrie : « Hé! venez donc, étourdi que vous êtes; vous ne resterez pas ici malgré le seigneur châtelain, peut-être? — Quoi! tu prétends.... — Empêcher quelque nouvelle sottise. — Mais tu prends un ton !... — Qui n'est pas plus déplacé que les vôtres ». Et il emmenait Mendoce qui se débat, qui s'échappe, et qui revient crier aux oreilles de Cerdagne : « Non, je ne connais ni don Fadrique, ni Lusiana, ni Almanzor. J'aime passionnément votre fille, je lui plairai, je l'espère; vous me pardonnerez un mouvement de vivacité, vous vous rendrez à mes vœux, nous enverrons promener le fils du frère d'armes, et s'il s'avise de prendre de l'humeur, je lui prouverai que je sais me battre comme je sais aimer ». Et il rejoint Trufaldin en deux sauts, enchanté d'avoir fait une espèce de réparation au seigneur de Ripal, et de lui avoir déclaré ses sentimens.

Théodora n'avait jamais imaginé qu'on pût mener l'amour ainsi en Espagne. Elle restait étonnée, stupéfaite; elle regardait Cerdagne, qui riait, qui riait, et qu'elle ne concevait pas plus que l'étourdi qui l'avait mené si lestement. Enfin elle retrouva la parole et s'écria : « Voilà un arrogant petit fripon. — Il est jeune, il est amoureux, voilà tout. — Un insolent qui ose vous faire un défi.—Il m'a répondu en brave homme. — Et qui malgré vous prétend à votre fille. — Je ne peux guère le blâmer : Séraphine est charmante. — Et vous voyez cela de sang-froid! — Et pourquoi m'emporterais-je? à son âge j'en aurais fait tout autant.

— Fort bien. Il ne vous reste plus qu'à rompre avec votre ami, qu'à vous allier avec un inconnu. — Ah! madame veut me donner des conseils. — Et vous ne feriez pas mal de les suivre. — Bornez-vous à observer ce jeune homme et ma fille, et ne vous inquiétez pas d'autre chose. — Observer, observer! c'est bien de cela qu'il s'agit. Doublez-moi la garde, et si notre amoureux approche, qu'on l'enlève, qu'on le mette sous les verroux, et que provisoirement le pont soit levé, les fenêtres grillées, et Séraphine consignée chez elle jusqu'à ce que le mariage projeté soit fait : voilà seigneur, voilà comme on mène les affaires... Eh bien! qu'est-ce? Vous riez encore, vous levez les épaules, vous me tournez les talons! Et vous êtes Espagnol? et vous êtes père »?

Cerdagne rentra, et ordonna à ses

gens, aussi surpris que Théodora, de laisser toutes les portes ouvertes. Il monta chez monsieur et madame d'Aran, s'amusa avec eux de ce qui venait de se passer, imagina de nouveaux obstacles à opposer à la vivacité du jeune homme; il trouva même un incident de nature à le rendre sage pour le reste de sa vie, si la beauté, la candeur, l'amabilité de Séraphine, ses soins, à lui, et l'honneur bien connu de Mendoce ne suffisaient pas pour le rendre à la raison. Cet incident viendra à son temps.

Cerdagne voulait éclaircir encore un doute qui suspendait la félicité des deux familles. Il n'était pas impossible que la tourterelle se fût envolée par hasard; il se pouvait aussi que la jalousie restât fermée autant par indifférence que par fierté. Il était difficile de penser qu'un homme comme Mendoce ne plût pas à une jeune personne qui avait le cœur libre; mais le cœur d'une femme est sujet à tant de bizarreries! et puis il est si agréable de s'assurer de ce qu'on désire!. Cerdagne passa chez sa fille. « Ah! voilà mon papa. — Oui, j'ai beaucoup de choses à te dire. — Et j'ai tant de plaisir à vous entendre! — Parce que tu sais combien je t'aime. — Oh! vous ne seriez pas aimable sans cela ». Cerdagne l'embrasse, s'assied auprès d'elle et lui prend la main. « Je ne te rappellerai pas ce que j'ai fait pour toi. — Vous ne craignez pas que je l'oublie? — Ce n'est pas là ce que je veux dire. En formant ta raison, en cultivant ton esprit, je me suis ménagé quelques fleurs pour les dernières années de ma vie. Je jouis du prix de mes soins; et si je t'en parlais jamais, ce serait pour t'assurer de toute ma reconnaissance,

— Ah! mon papa se moque de moi. — Tu ne le crois pas, Séraphine. — Je n'en ai pas l'habitude, et je m'en étonnerais un peu; mais laissons cela. Jouissez de vos bienfaits, mon digne père, mais laissez-moi le faible mérite d'y être sensible et de les reconnaître. — Si en effet tu penses me devoir quelque chose, tu peux t'acquitter en ce moment. — Ah! parlez. J'aurais tant de plaisir à faire aussi quelque chose pour vous! — Je vais m'expliquer. Je t'ai laissé pressentir, assez légèrement à la vérité..... — Quoi! mon père? — Certain projet de mariage.... — Oh! oui, bien légèrement. Vous ne m'avez pas même nommé le prétendu.... — Quoique je fusse cependant à-peu-près décidé. — Décidé, dites-vous? — Tu soupires, tu es impatiente peut-être de voir ton prétendu? il ne saurait tarder, et tout ce que j'attends de cette reconnaissance dont tu parlais à l'instant, c'est que tu doubles mon bonheur en consentant à assurer le tien. —Si en effet ce mariage est décidé..... — Poursuis, mon enfant. — Je connais mon devoir, et je le remplirai. — Des devoirs! Tu ne dois connaître de chaînes que celles du plaisir, et je me garderai bien de t'en faire porter d'autres. — Il m'est donc permis de répondre avec franchise? — Permis, ma Séraphine! Eh! n'est-ce pas à ton meilleur ami que tu parles? — Qu'est-ce que le bonheur? que l'idée qu'on s'en fait. Pourquoi, lorsqu'on est bien, se laisser aller à l'espoir du mieux, et courir après une ombre fugitive, qui échappe presque toujours? Ma tendresse paraît vous suffire : je suis heureuse, complètement heureuse de votre affection, et vous pensez à m'éloigner de vous, et vous croyez que je puisse vous quitter? — Il résulte de ton petit discours métaphysique, que tu n'as pas de goût pour le mariage. — Pas le moindre, mon père. — Tu es bien sûre de cela? — Oh! je vous le proteste. — J'ai besoin de tes protestations pour le croire. En effet, comment accorder l'indifférence dont tu te flattes, avec tes seize ans, avec des yeux.... Oui, ma foi, sans ces protestations, je pourrais penser que ce lien, qui ne te promet rien de flatteur avec celui que je te propose, pourrait être aussi bien séduisant avec quelqu'un.... — Avec quelqu'un... — Avec quelqu'un que la demoiselle la plus franche ne nomme pas toujours, mais qu'un père devine aisément. — Je ne vous entends pas, seigneur. — Oh! que si, oh! que si, tu m'entends à merveille. Tu sais bien que je parle d'un étourdi qui cherche à s'introduire dans le château. — Ah! je crois l'avoir entrevu. — Oui, l'as-tu entrevu? — Et vous avez pu craindre que je m'attachasse à un inconnu? — Hé, hé! un cœur de seize ans ne calcule pas toujours. Il est fort bien cet inconnu-là. — C'est ce que je n'ai pas remarqué. — Figure heureuse. — Oui? — Taille bien prise, de l'esprit. — Vous lui avez parlé? — Mais ce n'est sans doute qu'un aventurier. — Il a pourtant l'air bien distingué. — Ah! tu as remarqué cela? Il est assez difficile alors de n'avoir pas vu le reste. — Ah, mon père! vous m'embarrassez à un point!........... — Et je n'en vois pas la raison. Ce jeune homme t'est indifférent, je dois être tranquille. C'est une affaire terminée. — Et vous me dites cela d'un ton d'ironie qui me pique.... qui me désole. — Des larmes, mon enfant! — Donnez, seigneur, un libre cours à vos soupçons, prenez les mesures....... — Voilà celles que je veux prendre : les portes resteront ouvertes ; ma fille ira partout sans être suivie, sans être observée : c'est à elle seule que je confie le soin de son bonheur, et le repos du reste de ma vie ».

Ce ton de loyauté et de franchise émut vivement Séraphine. Elle se reprocha d'avoir eu un secret pour son père. Elle lui prit les mains, les serra dans les siennes, fixa ses yeux sur les siens. Elle voulait parler. Une fausse timidité glaçait sa langue, et peut-être l'amour combattait-il encore le devoir..... Tout-à-coup elle se lève, et, cachant son charmant visage dans le sein de Cerdagne : « Je la reconnaîtrai cette noble confiance, et je vais m'en montrer digne. L'aveu est pénible sans doute, mais le moyen de rien cacher à un père tel que vous! Oui, seigneur, ce jeune homme m'a touchée; j'ai désiré en secret qu'il pût me convenir. Vous désapprouvez cette inclination naissante...... Eh bien, pour vous prouver combien je suis sincère en ce moment, j'éviterai les occasions de voir ce dangereux mortel, je ne passerai plus les ponts, je m'interdirai la partie du château qui donne sur le parc, je vous dévoilerai mes plus secrètes pensées, mes combats et mes peines; votre tendresse me consolera, et votre sagesse m'aidera à me vaincre ».

On se figure aisément l'effet qu'un tel aveu devait produire sur un père. Cerdagne, plus heureux à chaque moment, mêlait des larmes de joie aux pleurs de sa fille, et, se laissant aller à la bonté de son cœur : « Rassure-toi, ma chère enfant, c'est assez t'éprouver. Ce jeune homme......... ce jeune homme...... — Par grâce, achevez, mon père. — Ce jeune homme.....

— Eh

— Eh bien! — Il ne te convient pas, peut-être; mais du moins je ne te donnerai pas à un autre sans ton consentement ». Et il s'enfuit : il était temps. « Diable, disait-il en lui-même en traversant ses appartemens, j'allais tout dévoiler, et Séraphine, forte de mon aveu, n'eût pas manqué d'instruire mon espiègle de tout. Non, seigneur Mendoce, vous n'aurez pas un bonheur facile : je veux que vous aimiez long-temps ».

Il court chez le comte et la comtesse. « Bonheur partout, leur cria-t-il, bonheur particulier, bonheur général »! et il leur raconte l'entretien qu'il vient d'avoir avec sa fille, et on s'applaudit, on se caresse, on se félicite mutuellement.

Séraphine, restée seule, rappelait les dernières paroles de son père; elle les pesait, les expliquait; la dernière phrase la frappait surtout : *Je ne te donnerai pas à un autre sans ton consentement.* Elle sentait que tant qu'elle serait libre elle pourrait espérer, et c'était assez pour sa consolation.

Le bouillant Mendoce était auprès de Trufaldin, persistant à rentrer dans le château, imaginant cent projets plus absurdes ou plus dangereux les uns que les autres. Son amour allait jusqu'à la frénésie, ou plutôt il aimait véritablement, il aimait pour la première fois, et sa vivacité ne lui permettait pas de se modérer.

Trufaldin, bien sûr qu'il n'avait rien à craindre chez le comte de Cerdagne, rassuré d'ailleurs par la conversation que ce seigneur venait d'avoir avec son maître, Trufaldin s'applaudissant de la dissimulation et de l'adresse qu'il avait eues dans cette scène, Trufaldin comptant sur des récompenses, et disposé à seconder les vues de notre amoureux, qui s'accordaient avec celles du père, Trufaldin trembla à quelques propositions de Mendoce. Ses desseins étaient tellement exagérés, tellement violens, que l'amitié d'aucun beau-père ne devait survivre à leur exécution; et le bonhomme, pour ramener son maître à des sentimens modérés, fut obligé de chercher lui-même quelqu'expédient à la faveur duquel on pourrait entrer au château sans passer pour avoir le diable au corps. Il ruminait à cela, lorsque Mendoce lui demanda à quoi il pensait, lui ordonna de le suivre, et se remit en marche. « Où allez-vous? lui dit Trufaldin. — Je suis piqué au jeu. — Mais c'est le chemin du château que vous prenez là. — Je le sais bien. — Et le danger? — Je le brave. — Et cet honnête homme de père? — Je l'honore. — Ah! vous ne voulez pas le tuer? — Fi donc! l'horreur! — Et s'il vous tue, vous? — C'est le pis-aller. On a laissé les portes ouvertes; c'est fort bien.... et j'en profite. — Et si cela couvrait quelque piége? — C'est le pis-aller. — Enfin, vous voulez rentrer là-dedans. — Certainement, je le veux. — Et que ferez-vous quand vous y serez. — Je marcherai droit à l'appartement de Séraphine. — Et vous y arriverez comme la première fois. Le seigneur de Ripal, outré de votre opiniâtreté, vous fera arrêter, vous emprisonnera; vous serez obligé de lui décliner votre nom, et comme vous le disiez tantôt, il écrira au comte d'Aran, qui vous enverra prendre... — C'est le pis-aller. Je veux approcher Séraphine, lui parler, la juger, et si elle a le mérite que je lui suppose, je l'épouse, malgré son père, malgré le mien, malgré elle, s'il le faut. — C'est un peu fort. — J'aime l'extraordinaire. — Raisonnons un moment, car jamais on n'a vu conduire une affaire sérieuse avec autant d'extravagance. — Raisonne, puisque tu as la manie du raisonnement; mais sois bref, je n'ai pas de temps à perdre. — Vous sentez bien, vous-même, qu'il est insensé de rentrer là en plein jour. N'est-il pas plus sûr et plus commode, puisque décidément vous voulez parler à Séraphine, de vous introduire la nuit, et...... — Et par où, balourd? — Comment, par où? Avec une imagination comme la vôtre, vous ne trouvez aucun moyen? — Mais ces ponts seront levés, les fenêtres sont à vingt pieds. — Eh! qu'importe? Cherchez, seigneur, cherchez, et vous trouverez ».

Trufaldin avait ses petites raisons particulières, qui lui faisaient préférer la nuit au jour. Il comptait retrouver sa grosse fille à la faveur des ténèbres, de la solitude qui l'accompagne; il comptait sur l'amonr inquiet d'Inès, qui sans doute ne lui permettait pas de dormir, et lui faisait tenir l'oreille au guet; il comptait sur les hasards; sur quoi ne comptait-il pas? Mendoce rêvait, se frottait le front, l'œil tantôt fixé sur la terre, tantôt sur la place qu'il voulait forcer. « J'y suis, j'y suis, s'écria-t-il tout-à-coup. — Ah! contez-moi cela. — Nous employons le reste de la journée à couper des fascines dans le bois. — Après? — Vers minuit nous les chargeons sur le mulet de notre hôte. — Bon. — Nous les jetons dans le fossé. — Bien. — Nous les couvrons de pierres, que nous arrachons du parapet. — A merveille. — Nous passons à pied sec, nous faisons sauter la grille d'un soupirail de cave, nous descendons comme nous pouvons......

— Non, non pas, s'il vous plaît; nous descendons avec une corde, une lanterne sourde d'une main....... — Une pince de fer de l'autre. — J'y suis à mon tour. Nous soulevons les portes. — Nous montons dans les cours. — Nous cherchons..... — Nous trouvons. — Nous parlons........ — Nous persuadons, nous enlevons, nous épousons....... — Ta, ta, ta, ta! Nous retournons au château d'Aran; le comte sera trop heureux de nous recevoir; il fera la demande dans les règles, elle sera accueillie....... — Ta, ta, ta, ta! j'ai le temps d'attendre, n'est-ce pas? — Mais, seigneur...... — Paix! — Permettez..... — Paix! faquin, paix! et à l'exécution. Le mulet, les bourrées, la lanterne, la pince, et vivent l'amour et les amans déterminés »!

Mendoce court vers la maison du concierge, et Trufaldin le suit d'aussi près que le permettent son gros ventre et ses jambes courtes. Mendoce retourne tout dans cette maison. Haches, couperets, cordes, ferremens, sont trouvés au grenier, à la cave, et sont rassemblés en un tour de main. « Je ne croyais pas, dit le concierge, qu'un philosophe fût si expéditif, ni que ces instrumens pussent servir à l'étude des sciences, ou aider à la méditation. — Bah, bah, bah! J'ai renoncé à la philosophie. Allons, Trufaldin, suis-moi ». Et il court à l'écurie, il bâte la mule lui-même, et Trufaldin conte en quatre mots, au concierge, la grande entreprise qui se prépare, et il rejoint son maître; et le concierge, aussitôt qu'ils sont partis, va tout redire au sien, et Cerdagne va faire une longue histoire du tout au comte et à la comtesse d'Aran, et la comtesse tremble que son fils ne se casse le cou, et Cerdagne l'assure qu'il est un dieu pour les amans.

La comtesse voulait absolument qu'on mandât son cher fils, qu'on lui déclarât que celle pour qui il voulait faire ces extravagances, était l'épouse qu'on lui destinait; elle voulait qu'on les mariât pour en finir, et qu'on s'en rapportât de la conduite future de l'époux à sa raison qui mûrirait, et aux grâces de Séraphine. C'était le parti le plus court, mais Cerdagne soutenait que ce n'était pas le plus sage. Il prouva avec tant d'éloquence, et par tant de raisons, que l'inconstance marche avec la facilité; il se prononça si nettement sur la résolution bien prise de ne pas compromettre le bonheur de sa fille, que la comtesse se rendit en soupirant.

Mendoce est entré dans le bois avec son écuyer. Il tombe à grands coups de hache sur un jeune taillis du beau-père; Trufaldin le seconde; ils font un abatis épouvantable. Le jeune homme sue sang et eau pour entrer dans un château où on brûle de le recevoir; il lie ses bourrées, il en fait de quoi combler un bras du Danube ou un fossé de Vienne; il charge le mulet, il le charge à le faire tomber sur la place. Il arrive à la lisière du parc, en soutenant le pauvre animal d'un côté, pendant que Trufaldin le tenait en équilibre de l'autre. Il était nuit close. Ils tirent, ils poussent le mulet jusqu'au revers du fossé en face de l'appartement de Séraphine. Mendoce s'arrête, il écoute, il regarde si la lune, qui commence à paraître, ne les trahit pas. Il n'entend rien, il ne voit personne. Trufaldin l'aide bravement à décharger les fascines; Mendoce le félicite de sa résolution, et ne se doute pas des raisons qui lui donnent du courage.

Cerdagne, averti, faisait beau jeu à notre amant. Sous divers prétextes, il avait retiré tout son monde de cette partie du château où était l'appartement de Séraphine, et où devait se diriger l'attaque. Il voyait tout avec le comte et la comtesse, et les rassurait par sa gaîté et ses saillies.

Séraphine ne se tenait plus chez elle pendant le jour; elle y rentrait le soir, et s'occupait à ces petits ouvrages qui remplissent les loisirs des femmes. Une de ses suivantes travaillait avec elle, lorsqu'un certain bruit se fit entendre sur le bord du fossé. Séraphine ne pensait qu'à Mendoce; elle ne douta point qu'il ne tentât quelque moyen nouveau de l'approcher; elle frémit des suites de cette imprudence, s'il se rencontrait avec son père; et en effet, dans toute autre circonstance, le fier et délicat Cerdagne eût châtié l'insolent qui violait son domicile. La pauvre enfant, qui était bien loin de voir dans Mendoce le fils du frère d'armes, était dans une inquiétude mortelle. Elle éloigna la femme qui brodait avec elle; elle entr'ouvrit sa jalousie doucement, si doucement que Mendoce ne put l'entendre; mais les grands parens, qui étaient directement au-dessus, ne perdaient rien de ce qui se passait au-dehors, ni chez elle : Cerdagne avait percé un trou au plancher, et lorsqu'on savait Séraphine dans sa chambre, on se hâtait, en riant, de quitter ses brodequins.

L'intéressante demoiselle reconnut d'abord son amant, et pénétra son dessein. La première idée qu'il lui vint fut de lui ordonner de se retirer : mais s'il n'obéissait pas, si elle était entendue......... Elle avait d'ailleurs solennellement promis à son père, non-seulement de ne jamais parler à ce jeune homme, mais d'éviter même les occasions de le voir. Cependant si elle se taisait, Mendoce poursuivrait son entreprise, il se perdrait, ou son père serait victime du plus juste ressentiment : il n'y avait qu'un parti à prendre; il était cruel, il lui coûta des larmes; mais elle ne pouvait balancer entre son amant et son père : « Oui, s'écria-t-elle en sortant, je vais tout dire au comte, je le dois, je le veux, et je recommanderai cet insensé à sa clémence ».

Ce père fortuné a entendu ces derniers mots. Plein de son bonheur, il descend, il se trouve au passage de sa fille ; elle l'aborde, incertaine, tremblante ; elle essaie de parler......... Sa langue lui refuse un mot qui peut être l'arrêt de mort de son amant. Quel état! Cerdagne en a pitié; mais il faut une forte leçon à son gendre, il le sent, il se possède, il presse sa Séraphine contre son sein; cette nouvelle marque de tendresse lui arrache le pénible aveu; Cerdagne l'embrasse avec une joie indicible, remonte avec elle, et regarde à sa croisée. Mendoce et Trufaldin sont disparus. Il était sage de bien souper avant de commencer un siége qui pouvait tourner en longueur, et ils étaient allés prendre des forces. Les bourrées étaient sur le bord du fossé, et déposaient évidemment contre le téméraire. Cerdagne entra dans une colère, mais dans une colère.......... qui céda cependant aux prières douces et insisuantes de Séraphine. « Puisque tu le veux, mon enfant, il ne lui arrivera aucun mal. Tu prendras pour cette nuit un autre appartement, et nous laisserons faire cet audacieux. Il entrera, je le ferai saisir, et on le reconduira à ses parens, qu'il faudra bien qu'il me nomme : voilà, je crois, l'unique moyen de nous en débarrasser. — Mais, mon père, si ses parens étaient dignes de vous? — Il n'aurait pas pris un nom supposé. — Peut-être des raisons particulières, légitimes même........... — Chimères que tout cela ».

Cerdagne conduit sa fille dans la salle à manger, et ordonne de servir. Sa fille, triste et pensive, ne mange pas, n'entend rien des choses obligeantes qu'il lui adresse. Elle se retire de très-bonne heure; Théodora la conduit à la chambre que son père lui a fait préparer; elle se jette habillée sur un lit d'où l'inquiétude écarte le sommeil.

Cerdagne doit être prêt à tout. Il reste à table, il boit, ou il en fait semblant; il répète toutes ses vieilles romances, et il en sait assez pour chanter jusqu'au jour. Ses domestiques étonnés n'entendent rien à une fantaisie si éloignée de ses habitudes; mais il faut qu'ils restent, qu'ils servent, qu'ils écoutent.

Pédrillo a le double emploi de fournir aux besoins du seigneur d'Aran et de son épouse, et de venir rendre compte des moindres démarches de Mendoce: confidens et autres, tout le monde est occupé.

Mendoce et Trufaldin reviennent avec une nouvelle ardeur. Ils regardent fièrement un fossé de vingt pieds de largeur, dans lequel trois pieds d'eau fangeuse réposent sur une toise de boue. Les fascines sont saisies, lancées; elles surnagent; mais on attaque le mur extérieur du fossé; la pince de fer fait sauter la première pierre, les autres cèdent au moindre effort; en peu de temps on fait brèche aux retranchemens du beau-père : il n'est pas une heure du matin, et un pont étroit, mais solide, est établi sur ce fameux fossé. Mendoce s'avance le premier, l'épée au côté, la hache à la ceinture; Trufaldin le suit, la pince sur l'épaule, et la lanterne sourde accrochée à une boutonnière de son pourpoint.

Nos héros passent le fossé, ils suivent les tours, les murs à créneaux; Trufaldin, baissé, présente sa lanterne; on arrive à un soupirail; il y en a d'autres, sans doute; mais, pourvu qu'on entre, il n'importe par où, quand on ne connaît pas l'intérieur de la place. Ce soupirail est fermé par deux barres de fer. Il est aussitôt décidé qu'on en fera sauter une, et qu'on attachera la corde à l'autre. La pince joue; la barre, à demi-rongée par la rouille, résiste peu; on examine l'ouverture, elle est plus que suffisante; la corde est fixée, comme on fait tout quand on ne prend le temps de rien. Le fougueux Mendoce s'accroche, et se laisse couler dans la cave; Trufaldin, que l'âge a rendu pesant, descend avec précaution, et il est encore à vingt pieds de terre, que son maître a reconnu les lieux en partie, et se récrie sur les charmes de son expédition. « Les belles voûtes! comme elles sont humides! comme elles sont noires! commes ces conduits paraissent prolongés! Allons donc, un peu de légèreté. Tu es aussi lent à agir qu'à te déterminer. — C'est que cette manière de voyager est un peu nouvelle pour moi; je préfère la terre ferme. N'importe, m'y voilà, et sans la moindre contusion.......... Ah! mon Dieu!

il était temps; le nœud a coulé, la corde se détache, elle vient après moi, la voilà tombée. — Tant mieux, morbleu! me voilà précisément dans la position de ce général d'armée qui, en abordant la côte ennemie, brûla ses vaisseaux, et se mit dans la nécessité de vaincre ou de mourir. — C'était un mal-avisé que ce général-là : il faut toujours se ménager une porte de derrière. — Tu discourras une autre fois. Faisons une reconnaissance exacte des lieux. Ah, ah! un grand escalier! — Ce n'est pas celui-là qu'il faut prendre. Il mène peut-être à la salle à manger; voilà l'heure du souper, on ne compte pas sur nous. Voyons par ici, s'il vous plaît. Tenez, voilà une porte grillée qui ouvre peut-être sur quelqu'escalier dérobé. — Donne-moi ta lanterne ».

Mendoce passe sa lanterne à travers les barreaux de la porte, et il trouve un caveau au vin. Il tourne d'un autre côté, et vis-à-vis de la grille il voit une seconde porte, il en voit une troisième, une quatrième, une cinquième... « Que de portes! s'écrie Trufaldin! et laquelle attaquer, bon Dieu! — Il n'importe pas. La pince! la pince! Des bras, de l'opiniâtreté, et la fortune fera le reste ».

Il s'attache à une porte qui lui paraît moins solide que les autres; il insinue sa pince en bas, en haut; il la glisse dans la serrure, sous les gonds; il pousse, il tire, il travaille, il se fatigue, il déchire ses gants, il s'écorche les mains; mais la porte s'ébranle, et il est insensible à la douleur. Trufaldin croit toucher au moment de revoir son Inès, il jouit par anticipation; mais un certain bruit calme tout-à-coup sa joie et ses transports. Il ne craint rien du comte de Cerdagne, mais ses gens peuvent l'assommer sans l'entendre; et puis il est minuit, c'est l'heure des revenans, et Trufaldin y croit : c'est tout simple. Il se colle à Mendoce, il le tire par son pourpoint. « Vous n'entendez pas, seigneur? on marche. — Tu rêves. — On parle. — Chansons. — On met une clef dans une serrure. — C'est vrai ».

Mendoce tourne sa lanterne, il se retire, avec Trufaldin, du côté opposé à celui d'où vient le bruit; ils se tapissent tous deux derrière un gros pilier en pierre, et ils attendent, sans souffler, que l'ennemi paraisse.

Pédrillo était entré plusieurs fois dans la salle à manger. Il avait dit quelques mots à l'oreille de Cerdagne; Cerdagne lui avait répondu de la même manière, et ses domestiques, qui ne l'avaient jamais vu aussi intime avec ses gens, étaient toujours plus étonnés.

« Il a passé le fossé au sud, avait dit la première fois Pédrillo. Retourne, et ne le perds pas de vue, avait répondu Cerdagne. Il est descendu dans la cave, était revenu dire Pédrillo. Laisse-moi faire maintenant, avait répondu le comte. Qu'on appelle Théodora, dit-il tout haut à ses gens. ».

Théodora, prête à se mettre au lit, descendit avec une dose d'humeur de plus que de coutume. Elle se sentit prête d'éclater quand Cerdagne lui dit qu'il voulait boire, et lui ordonna d'aller chercher du vin au petit caveau. Elle se contint cependant, et se contenta d'observer, d'un ton très-sec, que sa coadjutrice Rotrulde était la plus jeune, et aurait pu de préférence descendre à la cave, à cette heure indue. Cerdagne voulait que Mendoce marchât de difficultés en difficultés; il ne voulait pas employer des hommes, parce qu'il savait que Mendoce n'entendait pas raillerie, et qu'il ne voulait pas ensanglanter la scène, qu'il ne voulait pas non plus employer Rotrulde, que le jeune homme eût reconnue. Il répliqua plus sèchement encore à Théodora : « Allez où je vous envoie, et pas de réflexions ».

Il fallait que la duègne obéît. Mais en allumant un flambeau, en cherchant le trousseau de clefs, elle grondait; elle grondait en descendant l'escalier, en ouvrant la porte : elle était au milieu de la cave, et elle grondait encore.

Trufaldin se rassura en voyant une femme qui ne ressemblait pas du tout à un esprit; Mendoce sourit en voyant entre ses mains les clefs qui sans doute ouvraient toutes les portes; il fut enchanté quand il la vit entrer dans le caveau grillé, et laisser le trousseau à la serrure. Il se lève doucement, il se glisse le long du mur, il arrive au bienheureux caveau, il pousse la porte, tourne la clef, et enlève le trousseau.

Théodora cherchait dans le vin de Chypre, d'Alicante et autres, celui qui assoupirait plus promptement le patron. Le bruit de la serrure et les éclats de rire de Mendoce lui persuadent que quelqu'un des gens de la maison a l'insolence de se permettre une mauvaise plaisanterie. Elle vient à la grille en trotillant, et les poings sur les hanches : « Quel est le mal-avisé de là-haut qui se joue à une femme comme moi ? Par saint Dominique ! je crois que c'est notre étourdi de tantôt. — Pour qui vous n'êtes plus à craindre, très-acariâtre dame. — Et par où a-t-il pénétré jusqu'ici ? — Par le soupi-

rail

rail. — Et qu'espérez-vous y faire? — Ma paix avec vous et le bonheur de ma vie. Voulez-vous bien m'indiquer, avec vos grâces ordinaires, le chemin qui conduit chez votre adorable maîtresse? — Oh! le petit scélérat! — Je suis le plus fort, et des injures ne vous tireront pas de là. — Et il a les clefs! — Oui, j'ai les clefs. Quelles sont celles qu'il faut prendre? Capitulez, je vous le conseille; faites-vous un mérite de la nécessité. — Et que lui voulez-vous à cette chère enfant? — Lui jurer un amour, un respect, une constance à toute épreuve. — Je ne vous aurais pas cru capable de tout cela. — C'est que je ne me suis pas encore montré de mon beau côté. — A la vérité elle est si jolie, qu'on ne peut vous faire un crime d'en être amoureux. — Prenez donc garde; ce ton doucereux ne vous est pas naturel.

— Ouvrez-moi, et j'irai jurer à Séraphine tout ce qu'il vous plaira, — Pas si dupe; je vous soupçonne des intentions hostilles, et je vous garde en ôtage. — Votre insolence vous coûtera cher. Les écuyers, les pages, les valets sont encore sur pied : je serai vengée, n'en doutez pas ». Ici Trufaldin s'effraie, et sérieusement; il croyait avoir une armée à ses trousses. Il tire Mendoce par l'habit, et Mendoce, qui se moque de tout, tourne les talons à la duègne, et essaie ses clefs à toutes les serrures.

« Au secours! à moi, à moi donc! criait Théodora.... Ah! mon Dieu! ils ne m'entendront pas. Soixante marches et deux portes là-haut que j'ai tirées sur moi. — Ah! reprit Mendoce, c'est indiscret ce que vous dites-là. M'avertir que je n'ai rien à craindre, vous si fine et si prévoyante! J'ai donc le temps de combiner mes démarches, et de terminer avec réflexion ce que j'ai commencé assez étourdiment, je l'avoue ».

Il pense, il combine, il compare. Il était clair que l'escalier par où Théodora était descendue conduisait à la salle où le seigneur de Ripal attendait son vin de dessert, et il n'était pas prudent de l'approcher de trop près. Or, comme ledit seigneur ne pouvait pas être en deux endroits à-la-fois, toute autre porte qui ouvrirait était celle qu'il fallait prendre, et Mendoce recommence à essayer toutes les clefs. L'une était trop grande, l'autre trop petite; il était d'une impatience!...... et plus il se hâtait, et moins il trouvait la vraie clef.

Cerdagne jugeait du retard de Théodora, qu'elle avait rencontré l'ennemi, et qu'ils étaient en présence. Mendoce ne courait aucun risque; Théodora était exposée au plus à quelques taloches, si elle s'avisait de se servir de ses ongles; le comte pensait que Mendoce, déjoué par la présence de la duègne, remonterait au soupirail, sortirait comme il était entré, et tenterait le lendemain quelqu'autre entreprise dont on serait averti, et qui ne réussirait pas mieux.

Un grand flandrin de valet, de ces valets qui font les entendus, qui croient prévenir les désirs de leurs maîtres, et qui les servent fort mal, parce qu'ils devinent de travers, un de ces valets crut voir de l'impatience dans les yeux du comte. Il ne doute pas qu'elle ne fût occasionnée par la lenteur de Théodora; il sort sans consulter personne; il descend à la cave, et il marche droit au caveau, en grondant à son tour. « Un grand quart-d'heure pour une maudite bouteille de vin!

Le seigneur maître va s'endormir sur le dernier couplet du combat de Tancrède et de Clorinde. — Quand on dort, reprend Mendoce, on n'a besoin ni de vin ni de domestique ». Le valet jette un cri en entendant une voix étrangère; il veut s'échapper, l'expéditif Mendoce le tient par une oreille; Trufaldin aguerri le tire par l'autre; on le pousse, on le conduit vers le caveau; Mendoce en ouvre la porte, jette le valet à côté de Théodora, et les enferme ensemble. Reconnaissance, plaintes, gémissemens, cris des deux prisonniers : « A l'assassin, au feu, au feu, à l'assassin! — Vous oubliez, leur dit Mendoce, qu'on ne peut vous entendre de là-haut. Possède-toi, mon garçon, et sois plus raisonnable que madame. Nous ne sommes ni des voleurs, ni des incendiaires. Je suis amoureux, voilà tout.

Prends cette bourse, et dis-moi par où on arrive chez ta jeune maîtresse ».

Le valet se croyait madré. Il lui paraissait clair qu'un amoureux qui aurait l'assentiment du père, n'entrerait pas au château par la cave. Il jugea qu'il fallait jouer de finesse. « Eh! que ne vous expliquiez-vous plutôt? Vous êtes amoureux : il n'y a pas de mal à cela. Vous êtes généreux, c'est très-louable, et certainement je vous aiderai. Prenez la porte... ». Théodora croit qu'en effet le fripon se laisse séduire, et qu'il va mettre le méchant petit homme dans le droit chemin. Elle lui ferme la bouche avec la main; le valet fait un saut de côté, et crie : « Prenez la porte en face, le corridor à gauche, l'escalier vis-à-vis, et le pavillon au nord ».

Si Mendoce avait raisonné, il se

serait souvenu que l'appartement de Séraphine était au sud, et il se serait défié de ce que lui disait le grand coquin. Il court à cette porte; par un hasard qui ferait croire à la fatalité, la première clef l'ouvre; Mendoce se précipite, et laisse le trousseau à la serrure; Trufaldin le suit. La porte était battante, elle retombe sur eux; la serrure était saillante, elle se ferme. Mendoce retourne la lanterne, et cherche le corridor à gauche. Il arrive au fond du caveau, et s'aperçoit en jurant, qu'il est pris comme ceux qu'il a enfermés vis-à-vis.

Pour achever de le désoler, Théodora et son compagnou se moquaient de lui. « Il est pris! il est pris! Ah! ah! ah! Tirez-vous de là, monsieur l'amoureux, tirez-vous de là. Mendoce était comme un lion, Trufaldin riait de sa colère dans sa barbe; il ne regrettait que l'absence d'Inès, et se consolait en pensant qu'il la retrouverait le lendemain. « Si du moins, s'écriait Mendoce, si du moins j'avais ma pince! Mais je l'ai laissée derrière ce malheureux pilier où nous nous sommes cachés quand la vieille est descendue ».

Cerdagne ne se doutait pas qu'elle fût prisonnière; il ne soupçonnait pas davantage que le valet qui était descendu sans son ordre, partageât sa captivité. Que diable, disait-il en lui-même, il n'est pas possible que mon jeune homme fasse l'amour à Théodora; il n'est pas croyable, si elle l'a rencontré, qu'elle ne vienne pas crier ici de manière à m'assourdir. Il y a du plus ou du moins dans cette affaire. Il faut voir cela par mes yeux.

Il ordonne à ses valets de souper dans la salle même, et de se retirer dans leurs chambres; il leur défend d'en sortir de la nuit, quelque chose qu'ils entendent, à peine d'être chassés : il leur défend surtout de le suivre, et il sort un flambeau à la main.

Les valets se jettent sur les restes du souper, discourent sur l'absence de Théodora et de leur camarade, sur la conduite extraordinaire du patron, concluent de ce qu'ils ont vu et entendu qu'il y a dérangement au cerveau; mais comme un maître extravagant peut chasser ses gens, et même les battre avant de les mettre à la porte, ils exécutèrent de point en point ce qui leur était prescrit.

Cerdagne se fait accompagner par Pédrillo. Ils descendent ensemble, ils entendent les cris de Théodora et du valet, les juremens de Mendoce; la scène était comique, et le comte s'en amusa d'abord. Il réfléchit cependant que tout cela ne menait à rien; que Mendoce ne pouvait s'échapper; qu'il faudrait donc lui rendre la liberté; et cette condescendance, qui le laissait maître des opérations qu'il voulait tenter, devait lui paraître suspecte. Trufaldin, d'ailleurs, qui se fourrait partout, se trouvait pris avec son maître, et la crainte ou la complaisance pouvait le porter à déclarer à Mendoce que tout cela n'était qu'un jeu. Comment faire?

Cerdagne ordonne à Pédrillo de prendre les clefs, d'en détacher adroitement celle qui ouvrait le caveau de Mendoce, de rendre la liberté à Théodora et à son compagnon, et de venir le retrouver chez monsieur et madame d'Aran.

Pédrillo joua assez bien la comédie. Il feignit d'avoir entendu les ris et les cris de Théodora, en faisant sa ronde de nuit; il les tira du milieu des vins de liqueurs, et Théodora, avant de remonter, ne put se refuser le petit plaisir d'insulter au malheur du chevalier. Elle lui lâcha une bordée de railleries amères, et courut chercher Cerdagne, pour lui apprendre qu'on tenait le petit scélérat sous la clef.

Pédrillo voulut en vain l'arrêter, en lui représentant que c'était à lui à rendre compte des événemens de la nuit, puisque c'était lui que le maître avait chargé de la surveillance générale. Théodora trottait toujours, n'écoutait rien, et le vieux Pédrillo ne la suivait que de loin. Elle trotta si bien, elle ouvrit tant de portes, qu'elle entra, sans savoir où elle était, dans la chambre où les grands parens tenaient conseil.

Elle fut frappée de la vue du comte et de la comtesse d'Aran, qu'elle croyait bien tranquilles dans leurs terres ; elle resta stupéfaite en les voyant retirés dans une espèce de galetas, eux pour qui tout le château était en l'air, lorsqu'ils faisaient au patron le plaisir de le visiter ; elle entra en fureur quand Cerdagne lui prit la main, et lui dit, en la serrant avec force : « Vous n'aviez pas besoin ici ; vous y êtes venue, j'en suis fâché pour vous, mais vous n'en sortirez plus. Bavarde et méchante, vous publieriez ce que vous savez, et même ce que vous ne savez pas. Restez là jusqu'à nouvel ordre. Brodez ou dormez. Demain, Pédrillo vous apportera à déjeûner. Mais pas de bruit, ou je vous fais descendre dans le plus profond des souterrains ».

Théodora voulait répliquer ; la colère la suffoquait ; elle ne put articuler un mot. Cerdagne sortit avec ses amis, ferma très-exactement la porte, et conduisit d'Aran et son épouse dans la chambre que Séraphine avait quittée l'après-dîner, et où ils étaient au moins logés convenablement.

C'est là que Pédrillo les joignit, fatigué d'avoir couru, monté, descendu après Théodora. On s'arrêta sur le danger de laisser plus long-temps Mendoce avec Trufaldin, qui pourrait oublier le serment de discrétion si solennellement prononcé. On proposa d'abord d'envoyer tout simplement Pédrillo leur ouvrir la porte, en affectant pour eux un intérêt tel qu'il ne balançait pas à trahir son maître. Pédrillo plus calme, observa que le jeune homme, avec qui il avait voyagé, le reconnaîtrait infailliblement, et que cette reconnaissance lui donnerait les soupçons les mieux fondés. On arrêta alors que Cerdagne mettrait dans sa confidence un autre domestique, et le bon Pédrillo observa que Mendoce avait ses poches pleines d'or; que celui qu'on enverrait ne serait peut-être pas à l'abri de la séduction; que d'ailleurs Mendoce, piqué d'avoir été la dupe de son propre stratagême, pourrait, avant d'entendre aucune explication, faire un mauvais parti à l'homme quelconque qui se présenterait.

Le conseil trouva cette observation judicieuse, et prononça qu'on chargerait une femme de tirer le beau chevalier de la prison. Mais à laquelle confier cette mission délicate? Mendoce reconnaîtra Rotrulde; les autres étaient tellement en sous-ordre, qu'elles pourraient aussi se laisser gagner. « Parbleu! j'ai précisément ce qu'il faut, s'écria tout-à-coup Cerdagne. Mon page Guzman m'a amené une très-jolie femme; sa vue n'inspirera à Mendoce ni colère, ni défiance. Elle a déjà de la fortune, et je lui ai donné un emploi assez avantageux pour qu'elle soit incorruptible. Je ne crois pas non plus qu'elle manque d'adresse, j'ai quelque raison de lui en croire beaucoup. Va la chercher, Pédrillo ».

Pédrillo part et revient un instant après. « Je n'ai pas trouvé la petite femme. Son mari est couché, il l'attend, et ne sait à quoi elle est occupée. Je l'ai cherchée à l'office, aux différens magasins, et je ne sais où l'aller prendre ». Cerdagne sourit, et prévit quelque nouvelle escapade; il ne se trompait que sur le genre. « Allons, Pédrillo, il faut absolument rassurer Trufaldin, si on ne peut le séparer de Mendoce, et il n'y a qu'un moyen, c'est de les tirer de ce caveau. Descends doucement, ouvre brusquement leur porte, et sauve-toi derrière les piliers, ou gagne le boyau qui conduit au grand souterrain; fais pour le mieux, mais va leur ouvrir ».

Le bon Pédrillo descend sans flambeau. Il tâtonne, il retient son haleine, il ne pose le pied qu'avec une extrême précaution; il arrive près de la porte, il s'arrête, il écoute, il n'entend pas le moindre bruit. Ah! dit-il en lui-même, nos prisonniers sont endormis. Tant mieux, j'opérerai plus sûrement. Il prend sa clef, il cherche l'entrée de la serrure, il ouvre, pousse la porte aussi loin qu'elle peut aller, et se sauve aussi promptement qu'on peut le faire quand on n'y voit pas. Quelques secondes après, cette porte retombe avec un bruit qui fait résonner les voûtes souterraines; Pédrillo s'arrête, il écoute encore : le plus profond silence règne autour de lui.

« Parbleu, dit-il, ces gens-là dorment d'un profond sommeil ». Il revient à la porte, l'ouvre de nouveau, l'arrête avec une tuile qui se trouve sous ses pieds, il s'éloigne. Il écoute : personne ne parle, personne ne remue. Il ramasse quelques petits cailloux; il revient pour la troisième fois; il jette ses cailloux l'un après l'autre : bien certainement ils attraperont le bras, la jambe, ou même le nez des dormeurs; il les entend distinctement retomber sur la terre : il se décide, il entre dans le caveau. Quelque chose de chaud s'embarrasse dans ses jambes, il y porte la main, c'est une lanterne sourde; il la tourne, le caveau est éclairé, et Pédrillo voit très-distinctement que les prisonniers sont partis. Mais par où? les murs sont intacts, la porte entière, elle était bien fermée, et lui seul en avait la clef. Il y avait de quoi se donner au diable; le bonhomme trouva plus simple d'aller raconter les détails de ce nouvel incident.

Si Cerdagne avait moins connu Pédrillo, il aurait soupçonné sa bonne foi; mais trente ans de fidélité, un service doux, et de fréquens bienfaits l'assuraient du vieillard. Le tour lui parut très-bien joué; mais quand il fallut l'expliquer, Cerdagne, d'Aran et sa femme restèrent muets comme Pédrillo. On se contenta de s'amuser de cette évasion comme on s'était amusé de tout jusqu'alors, et, certains de quelqu'événement nouveau et prochain, les papas résolurent de ne pas se coucher, envoyèrent Pédrillo avec sa lanterne examiner les dedans et les dehors du château, et madame d'Aran se laissa déshabiller par son mari, en observant qu'on avait assez tourmenté son cher fils. « Oh! que non, oh! que non, dit Cerdagne. Il faut le guérir radicalement de la manie des aventures. Si après le mariage il est tenté de faire....... ce que font beaucoup de maris, cette leçon l'engagera à mettre de la circonspection dans sa conduite. Il apprendra qu'on ne trouble pas impunément la paix des familles, et que ce n'est point par la cave qu'on arrive chez une femme respectable. — Eh! monsieur le comte, comment pousserez-vous les choses plus loin? — C'est mon secret, madame ».

Revenons à ce cher enfant pour qui rien ne paraît impossible, et prouvons qu'il n'était rien moins que sorcier.

Séraphine avait promis à son père de ne pas chercher à le voir, mais elle ne s'était pas interdit les moyens détournés, innocens, d'engager cet intéressant jeune homme à renoncer à une entreprise qui alarmait sa timidité, et qui lui semblait devoir être funeste à quelqu'un.

Elle ne pouvait douter qu'il fût entré dans le château. Elle comptait assez sur ses charmes et sur le cœur du jeune homme pour l'engager à se retirer, sans crainte d'essuyer un refus; mais la bienséance et ce qu'elle avait promis à son père, ne lui permettaient pas de chercher Mendoce elle-même : et à qui se confier! Théodora l'aborderait avec des reproches qui l'aigriraient, au lieu de le ramener à des sentimens plus modérés; Rotrulde n'avait nulle relation avec elle : Cerdagne aimait le plaisir, et respectait l'innocence de sa fille. Il ne permettait de l'approcher qu'à des femmes qu'il croyait pures comme elle, et parmi ces femmes elle n'en voyait point qui eussent cet esprit liant qui sait tout concilier, cette sensibilité qui seule sait bien rendre les sensations qu'on lui confie. Elle avait entendu parler, dans la journée, d'une petite femme fort jolie qui avait épousé Guzman, et à qui son père avait donné une place distinguée. Il lui semblait qu'une jeune et jolie femme qui épouse un beau garçon, doit avoir le cœur tendre, et femme qui aime compatit toujours aux peines d'un amour malheureux.

Séraphine marqua aux filles qui étaient près d'elle le désir de voir cette petite femme qui causait tant de jalousie. On s'empresse d'obéir, on cherche, on trouve, on amène la petite, dont la figure inspira d'abord la confiance. On commença, selon l'usage, à parler de choses indifférentes; insensiblement on éloigna des témoins importuns, on la conduisit dans un cabinet où on avait enfermé la plus jolie tourterelle; on la fit passer de là dans un arrière-cabinet, où on voulait lui faire admirer une tapisserie qui représentait Godefroi de Bouillon avec une vérité frappante. En marchant, on disait à la petite de ces choses flatteuses qui coûtent si peu, qui plaisent tant aux inférieurs, et qui les disposent si favorablement! Ce fut dans cet arrière-cabinet que Séraphine fit à la petite, à voix basse et en rougissant, l'aveu de sa tendresse et de ses craintes. « Vous sentez bien, ma chère, que si cet étranger que rien n'intimide, que rien n'arrête, est dans ce château, comme j'ai lieu de le croire, mon père et lui se rencontreront infailliblement. Tous deux fiers, courageux, violens, à quelles extrémités ne se porteront-ils pas? l'éclat serait affreux, et je veux le prévenir.

Allez, ma chère, faites tout pour approcher cet insensé, pour lui parler; dites-lui bien que, s'il m'aime, il ne peut me le prouver qu'en mettant un terme à mes larmes, et en se retirant aussitôt. Dites-lui que je lui tiendrai compte de sa docilité; dites-lui.... dites-lui ce que votre cœur vous inspirera de touchant, tout, tout, excepté l'impression qu'il a faite sur moi ».

La petite, accoutumée à l'intrigue, aimait passionnément tout ce qui en avait l'apparence. Fière de la confiance de la jeune dame, flattée de lui être utile, curieuse sans doute de voir le petit être charmant qui tournait une si jolie tête, elle promit tout, et se disposa à faire plus qu'elle n'avait promis.

Elle sortait de la chambre de Séraphine au moment où Cerdagne sortait de la cave, et allait se concerter avec d'Aran et sa femme. La petite le rencontra; il lui fit une légère inclination, et passa : il était préoccupé. La petite ne connaissait guère que les usages de la campagne, mais il lui parut extraordinaire qu'un grand seigneur qui a trente domestiques, descendît à la cave sans quelque motif particulier. L'air à-la-fois plaisant et pensif de Cerdagne lui donna à réfléchir, et Théodora, qui passa devant elle en courant, et Pédrillo qui courait après Théodora, tout lui persuada que la cave était le lieu de la scène.

Elle passa à la cuisine, personne; à l'office, personne encore. Elle prend un flambeau, l'allume, cherche l'escalier des souterrains, et descend avec l'intrépidité d'une femme qui est jolie, qui le sait, et qui croit que la rencontre d'un joli homme ne peut rien avoir de désagréable.

L'obscurité,

L'obscurité, la solitude du lieu, lui firent cependant éprouver un léger frémissement; la voix de Mendoce, qui continuait de tempêter, la remit à l'instant. Il lui sembla que cette voix ne lui était point inconnue; les jurons ne lui ôtaient pas d'ailleurs ce velouté, cette douceur qui font toujours supposer une très-jolie figure. Elle marcha droit à la porte du caveau où étaient renfermés Mendoce et Trufaldin; elle frappe, elle annonce qu'elle vient au nom de Séraphine. A ce mot, Mendoce se calme, et la supplie de lui ouvrir. Comment y parvenir, elle n'a pas la clef; Mendoce, qui ne perd jamais la tête, lui dit que derrière un pilier qui n'est pas éloigné, elle trouvera sa pince de fer. La petite y va, la trouve en effet; mais ses mains sont aussi faibles que blanches et potelées; elle fait quelques efforts qui n'aboutissent à rien; elle se décourage, elle se désole. Mendoce lui conseille d'introduire la pince dans la gâche, et de faire rentrer le pêne dans la serrure. Elle essaie ce nouveau moyen, il réussit parfaitement; la porte s'ouvre, les prisonniers sortent, et cette porte retombe.

Mendoce va à la petite pour lui arracher son flambeau, et courir par le château, au hasard de ce qui en pourrait arriver. Ils se regardent, ils se reconnaissent. « Hé! c'est ma petite veuve. — Hé! c'est mon cher Mendoce. — Comment donc, ma petite, par quel miracle......... Pourquoi......... Que signifie?......... — Pas de temps à perdre, et rien à vous cacher. Séraphine vous adore; elle craint que vous ne soyez d'un rang indigne d'elle, et avec quelle ivresse elle apprendra que vous êtes le fils du meilleur ami de son père! — Mais mon père à moi ne m'a jamais parlé de ce comte de Ripal..... — Hé! vous êtes chez Cerdagne. — Chez Cerdagne! chez Cerdagne! Ah! tout est éclairci, et je suis l'homme du monde le plus heureux. Vîte, vîte, ma petite, conduis-moi aux pieds de Séraphine, que j'y tombe, et que je me rende digne, à force de respect, de l'amour que tu dis qu'elle a pour moi. Elle ne sait donc pas qui je suis? — Hé! non, vous dis-je. — Ah! laisse-moi le plaisir de le lui apprendre. Marche, marche donc...... Je meurs d'impatience et de plaisir ».

Ils remontent, et avancent rapidement, sans penser qu'ils peuvent être rencontrés à chaque pas; ce qui serait arrivé sans doute, si le trop prévoyant seigneur n'avait consigné ses gens dans leurs chambres. Le beau page Guzman avait aussi reçu l'ordre de garder la sienne. Arrivé de la veille, il n'en soupçonnait pas la raison, et ne s'en inquiétait guère. Il mangeait en paix les bons morceaux que Pédrillo lui portait, et s'amusait avec sa femme quand elle voulait bien venir passer une heure avec lui. Pour la petite, elle n'avait reçu aucune injonction du patron qui fût relative à Mendoce, et la raison en est simple : Cerdagne ne savait rien des aventures du jeune homme; il ignorait donc certaines particularités très-piquantes, et il s'était contenté d'éloigner de son chemin Rotrulde et ceux qui l'avaient accompagnée.

Trufaldin n'oubliait pas ses amours clandestins. En marchant, il demandait à la petite où étaient les basses-cours. La petite, qui connaissait à peine les êtres, les lui indiqua à-peu-près. Trufaldin enfila le corridor qu'on lui montra en sortant de la cave; il laissa son maître suivre ses brillantes destinées, et, fort de la solitude qui régnait partout, il jura, assez fort même, de trouver son Inès, dût-il payer une nuit heureuse de l'ennui d'un engagement éternel. « Il faut faire une fin, disait-il, en trottant. Inès n'est pas belle de visage, et ne tentera personne. Je lui connais des beautés, moi, et cela me suffit ».

La petite et Mendoce avaient parcouru une partie du château sans rencontrer personne. Ils avançaient dans une parfaite sécurité, et ils ignoraient que le vieux Pédrillo, persuadé que la chambre de Séraphine était le but où tendaient les désirs de l'amoureux, s'était caché dans l'embrâsure d'une porte voisine.

Le bonhomme, qui avait suffi à tout, qui était sur les dents, mais qui s'amusait autant que son maître de cette petite guerre, le bonhomme s'assura bien que Mendoce était entré chez Séraphine, que la conversation était engagée, et il fut avertir le patron de ce qu'il avait vu. Il avait à traverser toute une aile de soixante à quatre-vingts toises de longueur, un étage à monter; il fallait qu'il s'expliquât, que Cerdagne prît un parti : tout cela ne demandait pas beaucoup de temps, mais il en faut bien peu aux amans pour s'entendre.

Il est impossible de peindre le trouble, l'embarras qu'éprouva Séraphine à la vue inattendue de son amant. Mendoce était à ses pieds, il parlait, il était en délire, il mouillait ses mains de larmes brûlantes, et tout cela n'aidait pas l'aimable jouvencelle à se remettre. Elle répondait à ce qu'on ne lui disait pas; elle interrogeait, et n'attendait pas la réponse; elle jurait amour éternel, et ne voyait plus Mendoce : comment aurait-elle pensé à le renvoyer ?

Mendoce se possédait jusqu'à un certain point. Il entendait, il appréciait tout, son amour était au comble. « C'en est trop, c'en est trop, adorable Séraphine; c'est à moi à vous jurer, à vous tenir les promesses que m'adresse votre bouche charmante. — Qu'ai-je donc dit, grand Dieu! — Ce qui comble mes vœux les plus doux. — Ciel! je me suis trahie. — Ne vous en repentez point, confirmez cet aveu si doux, permettez que je tombe aux pieds de votre père, que je me nomme, que je vous obtienne : daignez autoriser cette démarche. — Vous m'avez entendue; j'ai perdu le droit de vous la défendre. — Eh bien! je ne vous quitterai pas sans avoir justifié la prévention qui vous parlait secrètement pour moi. Apprenez, madame, que mon rang, ma fortune me rendent votre égal. — De quel poids je suis soulagée ! — Mon père... — Eh bien !... votre père... son nom ?...

Ici un carillon infernal se fait entendre à la porte. Mendoce se relève, et met la main sur la garde de son épée. Séraphine s'évanouit, la petite se sauve dans un cabinet voisin, et se cache dans une armoire. Cerdagne paraît, suivi d'une douzaine d'archers qu'il a été prendre au corps-de-garde du pont-levis. Mendoce rit en le voyant, et croit qu'il n'a qu'à se nommer pour arranger l'affaire. Cerdagne lui réplique que le fils de son meilleur ami, qui force son château, et qui veut séduire sa fille, est plus coupable qu'un autre, et ne doit pas compter sur sa clémence. A ces mots, Mendoce, rendu à sa vivacité, tire l'épée, et se rappelant aussitôt ce qu'il doit au père de Séraphine, il la dépose à ses pieds. Les archers entourent, pressent, saisissent, enlèvent le jeune homme. Un d'eux, qui lui soutenait la tête, approchait fréquemment son visage du sien, et le mouillait de larmes. « Porte ailleurs ta pituite, lui disait Mendoce ». Il ne savait pas qu'il parlait à son père, qui s'était mêlé à la foule pour embrasser un fils ingrat, qui ne le reconnaîtrait point.

On porte monsieur l'amoureux dans une tour à triple porte, à fenêtres si bien grillées, qu'un enfant n'y passerait pas la main. Du reste, un bon lit, des alimens sains, et grand feu à la cheminée gothique. « Au moins, dit Mendoce aux archers qui se retiraient, vous avez pensé à tout, et je vous en remercie. Je vais me coucher, puisque je n'ai rien de mieux à faire ».

Cerdagne était resté près de sa fille, qui n'avait rien vu, rien entendu, et dont l'état était alarmant. Allons, dit-il à Pédrillo, je vois qu'il est temps que tout ceci finisse. Ma fille souffrirait moins des infidélités de son mari, que de la crainte de ne pas l'obtenir. Je les marie après-demain; mais demain encore... Ah! va me chercher Théodora, qu'elle délace, qu'elle soigne cet enfant, et compte, toi qui m'as si bien servi, sur un joli présent de noce ».

Pendant que Pédrillo allait tirer Théodora de sa prison, Séraphine ouvrit ses grands yeux, et les referma en sentant sa main couverte des baisers de son père. « Ah! seigneur, quelle indulgence! — Puis-je cesser de t'aimer? mais si je cède aux sentimens que tu m'inspires, je n'en suis pas moins sensible à l'outrage que tu viens de recevoir. — Personne ne m'a outragée, mon père. — Quoi! cet insolent qu'on a surpris à tes pieds... — Vous m'avez promis de le ménager et de le renvoyer à ses parens. — Oui, mais dans la supposition qu'il se bornerait à te regarder de loin, à t'écrire, à s'introduire en plein jour et par la porte, et que je n'aurais à me défaire que de ses importunités. Mais combler le fossé de mon château, forcer le soupirail de ma cave, mettre tout en combustion chez moi, entrer à minuit dans ton appartement contre ton gré, c'est plus qu'aucun mortel n'eût osé, et ce que je dois sévèrement punir... Oh! j'oubliais!..... Ce qui caractérise des intentions criminelles, c'est le nom supposé sous lequel il s'est présenté ». Ici Cerdagne s'arrête et fixe sa fille. Il ignore si Mendoce lui a déclaré qu'il est fils du comte d'Aran, et le silence de Séraphine lui persuade que son espiègle n'a pas eu le temps de se faire connaître.

« Enfin, mon père, quel parti prendrez-vous? — Je veux faire revivre un usage antique et révéré, toujours cher aux chevaliers espagnols. J'invoquerai des statuts qui ont toujours été la sauvegarde des dames. — Ciel! vous allez convoquer une cour d'amour...... — Que tu présideras. — Moi, mon père? — C'est le droit de la beauté plaignante. — Mais je ne me plains pas, mon père. — Finissons, ma fille, il est des lois.... — Bien absurdes. — Dites bien respectables. — Parce qu'elles sont consacrées par le temps? — Il est le père de l'opinion. — Et l'opinion...... — Est la reine du monde. — Et c'est à cette chimère que vous allez sacrifier l'honneur d'un damoisel qui n'est coupable..... — Que de t'aimer, n'est-ce pas? — Et cela est bien pardonnable, mon père. — Sans doute, tu es si aimable! — Ce n'est pas ce que je veux dire. — C'est ce que tu penses, et tu as raison. — De l'ironie à la place du sentiment! — Ah! tu veux du raisonnement? Le mien sera court. Devais-je lui laisser passer le reste de la nuit à tes pieds, et puis-je revenir sur l'éclat que j'ai été forcé de faire? Mes archers.... — On peut leur imposer silence. — Faire taire douze ou quinze soldats, toujours enclins à médire de leur chef : impossible, mon enfant. — Ainsi ce malheureux va comparaître devant un tribunal qui ne pardonne pas un outrage fait aux dames? — Ah! Tu conviens qu'il t'a offensée. — Et il faut que je préside, moi..... — Refuser serait convenir que tu es d'intelligence avec lui. — J'en suis bien éloignée; mais comment ne pas défendre un jeune homme intéressant?... — Oh! bien intéressant, je l'avoue. — Qui paraît être de la première distinction. — Je commence à le penser comme toi. — Ah! mon père, si la pitié ne vous parle pas en faveur de cet infortuné, mettez-vous un moment à la place d'une tendre mère, dont il est l'amour et l'espoir. Faut-il, pour satisfaire à un vain point d'honneur, la condamner à des larmes éternelles? — Comment diable, tu parles comme un ange! Jamais cour d'amour n'aura eu un semblable président. — Vous insultez à ma douleur. Vous serez vengé, puisqu'absolument vous le voulez; mais, je le sens, j'en mourrai de chagrin. — Ce serait un peu fort. D'ailleurs il n'est pas condamné encore. Il lui sera loisible de se défendre, et comme il a de l'esprit.... — Ah! je vous entends, mon père. Vous satisferez à l'usage, et vous lui donnerez les moyens de se sauver en lui faisant de ces questions simples... Mais, mon tendre, mon digne père, s'il répond juste? — S'il répond juste.... s'il répond juste.... — Songez que c'est l'infamie, s'il se trompe. — Et qu'il a droit à une indemnité, s'il satisfait le tribunal. — Mon père... — Ta main, par exemple. — C'est encore un usage consacré par le temps. — Il est le père de l'opinion, n'est-ce pas? — Et l'opinion est la reine du monde. Je crois que je raisonne aussi. — Je le vois bien. Écoute : je n'ai pas le talent de prévoir l'avenir; mais je t'engage à ne pas mourir avant l'événement. Moi, je vais commander mes hommes d'armes, et tout disposer pour déployer dans cette circonstance la pompe des premiers siècles catalans ».

Il sortit, et laissa sa fille flottant

entre la crainte que Mendoce n'encourût la dégradation, et l'espoir de devoir son bonheur à sa pénétration et à son esprit. La petite sortit aussitôt de son armoire, courut à Séraphine, essuya ses larmes. « Calmez-vous, madame, calmez-vous. Je vais achever ce que votre amant n'a pas eu le temps de vous dire, et ce que la malice, un peu cruelle, de votre père vous a laissé ignorer. Ce beau jeune homme, qui vous intéresse tant, et qui vous inspire de si vives alarmes, est le fils du comte d'Aran. — Du comte d'Aran! du comte d'Aran! dites-vous? Ah! mon cœur, me voilà donc en paix avec toi. Mais, ma chère, d'où savez-vous.... — Je le tiens de votre amant lui-même, que j'ai rencontré dans ses voyages..... — Ah! que je suis heureuse! Voilà sans doute le fils de ce frère d'armes.... C'est lui, c'est lui. La colère de mon père, à travers laquelle perçait toujours la gaîté, la plaisanterie, la finesse.... Oh! oui, je présiderai. Je vous rendrai, seigneur Cerdagne, toutes les malices que vous m'avez voulu faire. Et mon jeune ami est-il rassuré, sait-il de qui il est le prisonnier! Eh! madame, je lui ai tout dit en le tirant de son caveau. — Ah! ma petite, ma chère petite, je n'oublierai jamais les services que tu viens de me rendre ».

Dans la situation où était Séraphine, on ne pense pas au sommeil. Il fallut cependant qu'elle se laissât mettre au lit par Théodora, qui arriva en grondant, et qui donna ainsi le temps à la petite de regagner son armoire. Mais dès que la vieille fut sortie, la petite vint s'asseoir auprès de la tendre amante; on passa le reste de la nuit à causer, et vous devinez aisément de quoi on parla.

De ce moment, il y eut dans le château deux partis bien prononcés, bien opposés, et également disposés à s'amuser l'un de l'autre.

Cerdagne, en quittant sa fille, était allé rejoindre le comte et la comtesse d'Aran à l'extrémité de sa maison. Il fut frappé, en approchant leur chambre, d'entendre des coups très-forts, des sanglots, des cris étouffés, tout ce qui caractérise un acte de la dernière violence. Etonné, mais toujours prompt à servir ses amis, il tire l'épée, il se hâte, il entre, on s'explique, et il rit.

Nous avons laissé Trufaldin errant sans lumière dans le corridor que la petite lui avait indiqué, et cherchant sa grosse Inès. Après avoir tâtonné bien des portes, qui toutes se trouvèrent fermées, il parvint à en ouvrir une. Il descend dans une cour, il tourne autour des bâtimens, et ne trouve rien qui annonce que sa belle ait ses occupations et son domicile dans cette parie du château. Il traverse la cour, uvre une autre porte, se trouve dans n second corridor, entre dans une hambre ouverte, entend ronfler, s'aproche d'un lit, il le croit du moins, l avance une main, et recule de quatre as, en sentant un corps velu comme elui d'un ours. Avec quelque légèeté qu'il ait touché ce je ne sais uoi, le dormeur se réveille, pousse n long soupir, et saute par terre. rufaldin veut fuir; le je ne sais uoi vient s'embarrasser dans ses mbes, le renverse, et Trufaldin, n voulant se retenir, accroche une aire de cornes qui ajoute à son roi. Comme il ne dépendait pas e lui de se relever aussi prompteent que l'ordonnait sa terreur, et 'il fallait qu'il se débarrassât provisoirement du je ne sais quoi qu'il avait entraîné dans sa chute, et qui roulait avec lui sur le carreau, il fut obligé de se servir encore de ses mains, et il reconnut, à sa grande satisfaction, que ce qui lui avait fait tant de peur, n'était qu'une chèvre, et le lit d'où elle était sauté, un tas de paille.

Il tourna par la chambre, et trouva quelques animaux de la même espèce, qui dormaient d'un plus profond sommeil, et qui ne firent pas le moindre mouvement. Trufaldin conclut avec beaucoup de sagacité, que cette chambre devait être dépendante des basses-cours, et que les appas de la grosse Inès devaient reposer à quelques pas de là. Il était possible d'entrer chez quelque valet grossier et brutal; mais Trufaldin se promettait bien, en cas d'*un quiproquo*, de prévenir toutes voies de fait, en criant qu'il avait l'honneur d'appartenir au comte d'Aran. D'ailleurs il aimait sa grosse, il était sûr d'en être bien reçu, et cela valait bien la peine qu'il hasardât quelque chose.

Il ouvre une chambre voisine, et vingt ou trente agneaux viennent bêler autour de lui, et le confirment dans la persuasion qu'il ne peut-être loin d'Inès. D'une troisième, d'une quatrième, d'une cinquième chambre s'échappent des poulets, des pigeons, des lapins, des chiens courans; les chiens courent après les lapins, les lapins effraient les poules, les poules volent, les pigeons les suivent; le corridor offre en petit le tableau de l'arche en désordre. Trufaldin écoute, aucune porte ne s'ouvre. L'écuyer, prompt à tirer des conclusions, pense qu'Inès ni personne ne couche en bas, parce que quelqu'un serait infailliblement sorti au bruit de la chasse générale que faisait la meute de monseigneur.

Il suit ce corridor, pour trouver un escalier qui le conduise au but chéri de ses désirs; il est renversé cinq à six fois par les chiens; il écrase deux ou trois agneaux; les poules qui ont des petits le relèvent à grands coups de bec; il va toujours, il brave tout; il est amoureux, et il est chez le comte de Cerdague.

Il arrive enfin à un petit escalier en forme d'échelle, il monte, un autre descend. C'est sans doute quelque valet que le bruit a tiré de sa couchette. Il importe à Trufaldin de passer sans explication; il se cramponne d'une main, il alonge l'autre; il saisit le bas d'une jambe qui lui paraît tout-à-fait masculine; il tire de toute sa force; il envoie, par-dessus sa tête, le valet tomber au pied de l'échelle. Sans s'arrêter aux gémissemens qui frappent son oreille, il monte avec vivacité et poursuit son chemin : l'amour en avait fait un petit crâne.

Il pousse une porte entr'ouverte, la seule qu'il rencontrât ; il entre dans une chambre, il y trouve un lit tout chaud et vide. « Ah ! c'est sans doute celui du piqueur que je viens d'envoyer avec la meute». Il sort, il avance ; une porte encore lui barre le chemin ; il tâte, la clef est à la serrure, il tourne, et la porte ne s'ouvre point ; il pousse fortement avec l'épaule ; les clous qui condamnent cette porte de l'autre côté, ne cèdent point ; mais une planche crie, se détache, Trufaldin la soutient, la pose à terre doucement, et passe par le trou qu'il vient de faire.

Il se trouve dans un corridor si vaste, qu'il juge devoir réfléchir. Ce corridor devait être un des principaux du château. Cependant, la maison était si grande, qu'on pouvait en avoir abandonné une partie aux filles de basse-cour. La porte qui ouvrait près de l'escalier en échelle donnait quelque vraisemblance à cette idée. Il ignorait qu'elle fût condamnée, et selon lui elle n'avait résisté que parce que mademoiselle Inès, ou une autre, tirait probablement les verroux avant de se coucher.

Fort de ce jugement, le pauvre écuyer suit le corridor; encore une chambre ouverte : il entre comme il a fait partout. « Est-ce vous, mon ami? dit une voix de femme à demi-éveillée. — Oui, oui, c'est moi. — Ah! contez-moi donc ce qui s'est passé depuis que vous m'avez quittée ». A ces mots Trufaldin ne doute plus qu'il n'ait enfin trouvé sa grosse. Ardent comme un charbon, il ne

répond

répond pas; mais il se déshabille en un tour de main, et se glisse sous la couverture.

La femme, étonnée de sa pétulance, veut parler; Trufaldin ne lui en donne pas le temps; elle soupçonne du micmac; Trufaldin confirme ses soupçons : c'est Hercule sous l'enveloppe d'un goujat. La femme, convaincue qu'il y a erreur ou attentat, s'agite, se démène, jette l'assaillant de côté, et saute dans la ruelle. Trufaldin l'y suit; elle se glisse sous la couchette en poussant les hauts cris; Trufaldin, à qui tout champ de bataille est bon, poursuit opiniâtrément la dame; le combat s'engage sous le lit. La dame pince, mord, égratigne, fait lâcher prise à l'assaillant, et se roule au milieu de la chambre. Dix fois Trufaldin a touché au port sans pouvoir y entrer; furieux et incapable de distinguer la différence des voix et des formes, il redouble d'effort, et regagne la position avantageuse qu'il a si souvent perdue, et qu'on lui dispute encore. Les forces de la dame sont épuisées ; elle va céder involontairement sans doute, et va céder sans pécher, lorsqu'un chevalier paraît inopinément, un flambeau à la main : ce chevalier est le comte d'Aran.

Les cris et la résistance de sa femme lui prouvent évidemment qu'elle n'a pas consenti à son déshonneur. Il ne conçoit pas quel est l'enragé qui viole une femme de cinquante ans, mais, quel qu'il soit, il doit être châtié. Le châtiment commence par vingt ou trente coups de flambeau appuyés sur les reins. La poix, la résine enflammées coulent sur la peau du malheureux Trufaldin, la brûlent, la corrodent. Il se lève en poussant des cris affreux ; il reconnaît le comte, la comtesse; il se croit mort, et ne peut prononcer que ces mots : « Je croyais que c'était mademoiselle Inès. — Inès ou Isaure, coquin, reprend le comte, est-ce ainsi qu'on courtise les dames? Tu mérites la mort, et tu vas la recevoir de ma main ». Trufaldin à genoux demandait grâce, et prétendait qu'une méprise n'est pas un crime. Le comte, blessé à l'endroit sensible, avait pris le bâton d'une vieille hallebarde, et répondait aux argumens de l'écuyer, en lui frappant à outrance les fesses, le ventre, l'omoplate, les cuisses, la tête. C'en était fait du pauvre homme, si Cerdagne, qui sortait de chez sa fille, ne fût entré fort à propos.

Il ne sait quel est le drôle qu'il trouve tout nu chez la comtesse, et qu'on fait périr sous le bâton; il voit un malheureux qui ne sait que se plaindre; il se jette devant son ami, lui représente que le vainqueur des Maures ne doit point tuer un ennemi sans défense. « Eh! reprend d'Aran, cet ennemi est un drôle que je nourris depuis quinze ans, et qui m'a fait.... — Non, mon ami, non, répliqua la comtesse, il ne t'a pas fait.... — Corbleu! madame, en êtes-vous bien sûre? — J'en jure par l'amour que j'ai toujours eu pour toi. — Vous avouerez du moins qu'il s'en est fallu de bien peu de chose. — Ah! mon petit, je ne dis pas non. — Seigneur Cerdagne, continue Trufaldin, j'honore, je respecte madame; jamais je n'ai levé un œil profane sur elle. J'aime mademoiselle Inès, c'est elle que je cherchais; et je le répète, c'est avec elle que je croyais être. — Allons, mon cher ami, dit Cerdagne, je ne vois pas, puisque tu en es quitte pour la peur, qu'il faille assommer ce malheureux. Cependant cette aventure est de celles qu'il faut ensevelir dans le silence : les rieurs ne seraient pas de ton côté. Voyons, docteur, quelle est cette Inès, mets-nous au courant de tout ceci, ou je te fais jeter dans les fossés de mon château ».

Trufaldin avait trop d'intérêt à se justifier dans l'esprit de ses maîtres, pour ne pas entrer dans tous les détails qui pouvaient le disculper. Il raconta comment il s'était lié avec mademoiselle Inès, fille de basse-cour, que Rotrulde avait emmenée pour la servir; comment ils étaient tombés ensemble dans la rivière; comment une oie lui avait fait le tour que vous savez, lorsqu'il cherchait à guérir sa maîtresse de la colique; comment ils avaient été au moment d'être brûlés ensemble; comment il était naturel qu'il la cherchât dans un château où tout le monde dormait ou paraissait dormir; comment, en la cherchant, il avait lâché les chèvres, les agneaux, les poules, les pigeons, les lapins et les chiens courans; comment il avait jeté par-dessus sa tête un valet qui descendait un escalier en échelle; comment il avait enfoncé une porte; comment, en cherchant une fille de basse-cour, il était entré chez la comtesse, qu'il ne savait pas être au château. Enfin, mes bons seigneurs, dit-il, si j'ai cédé à la concupiscence, le châtiment a été plus loin que la faute; car enfin je n'ai rien fait, rien du tout, et mon corps n'est que plaies, que meurtrissures. Ah! mon Dieu, mon Dieu, comment donc faire pour avoir cette fille-là »?

La narration de Trufaldin avait été assaisonnée de traits si naïfs et si originaux, que Cerdagne riait aux éclats en l'écoutant, et rit encore lorsque le conteur eut fini. D'Aran prétendait que ces saillies de gaîté étaient très-déplacées; il ordonna à l'écuyer de prendre ses habits, et d'aller dans le corridor se mettre dans un état décent. La comtesse avait regagné son lit, et prétendait qu'elle ne reviendrait pas des contusions qu'elle sentait partout, et qui s'étaient multipliées dans ces combats consécutifs. « Ah! mon ami, mon cher ami, vous que j'ai tant aimé, et à qui j'ai été si fidèle, cette nuit est plus cruelle que celle où nous essayâmes de donner un petit frère à Mendoce, et où ce malheureux ciel de lit tomba sur nous deux. Au moins c'était vous qui partagiez mes plaisirs et ma disgrâce; mais cet affreux Trufaldin! quel gouverneur vous aviez donné à votre fils! il faut pourtant que je convienne qu'il se présente joliment. — Bah, bah! madame, c'est bien le moment de penser à ces balivernes.

— Hélas! disait Trufaldin en se rhabillant, il faut que je sois né sous une bien triste étoile! Batilde m'a fait cocu vingt fois sans que j'osasse m'en plaindre, et je ne puis tenter de m'approcher d'Inès, qu'il ne m'arrive quelque chose de funeste. Comment diable aussi ai-je été prendre une vieille comtesse pour une jeune fille de basse-cour? Ah! dame, le désir, la précipitation....... et puis la nuit, tout cela se ressemble. J'aurai mon Inès pourtant, car je l'épouserai pour n'en point avoir le démenti, et nous verrons si la fatalité qui me poursuit empêchera la consommation du mariage ».

Qu'eût dit le malheureux écuyer, s'il eût su que le lit qu'il avait trouvé chaud était celui de sa maîtresse, que le prétendu valet à la jambe masculine, à qui il avait fait faire le saut, était Inès elle-même?

Cependant Cerdagne, en s'efforçant de contenir sa gaîté, en consolant d'Aran et sa femme, en apportant à son ami de l'eau-de-vie camphrée pour bassiner les contusions de madame, Cerdagne pensait à ce valet que Trufaldin avait tué ou à-peu-près. Il sentit que, pour n'être pas noble, on n'en est pas moins homme, et que tout être qui souffre a droit au secours de ses semblables. Il prit un flambeau, gagna le diable d'escalier, au bas duquel il vit une grosse fille nue, dont le postérieur avait écrasé un agneau, et qui n'était évanouie que de l'effet de sa frayeur. Cerdagne jugea qu'à la figure près, Inès méritait les empressemens de Trufaldin et de tout autre, et son premier mouvement fut d'appeler Pédrillo. Il réfléchit pourtant que cette aventure était d'un tout autre genre, et pouvait avoir d'autres conséquences que les amours de Séraphine et de Mendoce; il jugea qu'il fallait laisser ignorer à Inès la cause de sa chute, et mettre Trufaldin dans l'impossibilité de jaser. En conséquence il appuya contre le mur son flambeau, dont la grosse fille se servirait pour regagner son lit quand elle aurait repris ses sens. Il entra dans son chenil, où s'étaient retirés ses chiens, fatigués de manger des lapins; il prit de ses nobles mains le baquet où s'abreuvait sa meute, il le vida sur le corps d'Inès, qui, saisie de cette immersion glaciale, ouvrit les yeux, regarda devant elle, et ne vit pas son seigneur qui montait l'échelle derrière elle, aussi lestement qu'un écureuil. Cerdagne retrouva Trufaldin à la même place, assis contre le mur, les mains jointes, tournant ses pouces, et faisant la plus vilaine grimace. Le comte pensa que, puisqu'il avait été discret avec Mendoce, il pourrait l'être encore dans cette conjoncture. Cependant, s'il le laissait libre dans le château, il se ferait panser par quelque valet à qui il faudrait donner une cause de toutes ces brûlures, et Cerdagne savait que Trufaldin n'était pas un esprit inventif. D'ailleurs, en allant et venant plus tard, il rencontrerait inévitablement le comte et la comtesse, pour qui son aspect n'aurait rien d'amusant : toutes réflexions faites, Cerdagne appela Pédrillo, le chargea d'une terrine d'eau-de-vie camphrée, prit Trufaldin par l'oreille qui lui restait, le mena à la porte de la tour qu'habitait Mendoce ; Pédrillo ouvrit, poussa dedans l'écuyer et la terrine, referma soigneusement la porte, et fut se coucher jusqu'à nouvel ordre.

Cerdagne, très-fatigué, jugea à propos de reposer quelques heures; il engagea d'Aran et sa femme à suivre cet exemple. Ils dormirent tous, comme on dort lorsqu'on est fortement préoccupé, c'est-à-dire assez mal. Aussi à la pointe du jour tout le monde était debout, et même la pauvre Inès, qui était loin de penser que ce fût son amant en personne, cet amant si désiré, si attendu, qui avait failli à la tuer, et qui pourtant ne lui avait fait aucun mal.

Dans l'autre partie du château, on n'était pas levé encore, mais on n'avait pas fermé l'œil, et on n'en était pas moins jolie : pensers de bonheur sont un baume qui rafraîchit le sang. Séraphine et la petite n'avaient pas cessé de jaser. La jolie demoiselle se promettait bien de tourmenter un peu son papa : mais il était important de prévenir Mendoce de ne s'alarmer de rien, et d'être bien persuadé que sa Séraphine était d'intelligence avec lui. Un billet bien tourné, bien tendre, était écrit depuis deux heures au moins; il n'y avait qu'une difficulté, c'était de le faire parvenir à son adresse, et on ne savait dans quel coin du château était enfermé Mendoce.

Le demander était le moyen de ne rien savoir; l'espionnage parut l'unique ressource. Mais comment la petite femme serait-elle partout à-la-fois; c'était une autre difficulté. Elle va trouver son mari, qu'elle avait singulièrement négligé depuis son entrée au château; elle fit sa paix comme la font des époux qui s'aiment ou qui en ont l'air; elle conta au page ce qu'elle savait des aventures de la nuit, et ce qui était résolu pour cette journée. Le page, charmé de pouvoir faire quelqu'espiéglerie, se prêta à tout de la meilleure grâce du monde, et prononça sans hésiter que Cerdague avait trop de confiance en Pédrillo pour qu'il ne fût pas un des meneurs de cette petite guerre.

Cependant il n'était pas prudent que Guzman s'attachât aux pas du vieux domestique; il savait de quoi un page est capable. Il était plus naturel que la petite, qui avait cent prétextes d'aller et de venir pour les affaires de la maison, se chargeât d'observer le vieillard, pendant que son mari observerait, autant qu'il le pourrait, sans inspirer de défiance et sans paraître enfreindre l'ordre qui le retenait chez lui. Encore une difficulté, la petite ne connaissait pas Pédrillo.

Mais, quand une femme a adopté un projet, connaît-elle des obstacles qui en empêchent l'exécution? Celle-ci se mit à trotter par tout le château.

Elle avait besoin à la cave, au grenier, à l'office, au garde-meuble; destinée à seconder Théodora, il fallait qu'elle se mît au courant; ce fut là réponse qu'elle fit à Cerdagne, qui la rencontra trois ou quatre fois en une heure, et qui eut la bonté de la croire.

Un valet à cheveux blancs se trouve nez à nez avec elle; elle l'aborde de l'air le plus gracieux, et lui dit que, sur le bien qu'elle a entendu dire, elle avait conçu le plus vif désir de faire connaissance avec le respectable Pédrillo. — « Hélas! reprend le valet, je suis vieux comme Pédrillo, mais je n'ai pas comme lui l'honneur de posséder la confiance du maître, et d'éprouver tous les jours sa générosité. — Je suis persuadée, mon ami, que vous méritez l'une et l'autre, et je me ferai un vrai plaisir de vous recommander. — Grand merci, petite et charmante dame. — Mais faites-moi donc connaître ce trop fortuné Pédrillo. — Oui, trop fortuné, car enfin qu'a-t-il fait plus qu'un autre?.... Tenez, tenez, le voilà qui file en tapinois au bout du corridor. Je vous assure que mon zèle.... mes services.... mon... ». La petite n'avait plus besoin de lui, elle était déjà bien loin.

Les domestiques qui servaient dans l'intérieur du château étaient toujours consignés dans leurs chambres; les palefreniers, les piqueurs, les valets de chiens, avaient seuls reçu l'ordre de reprendre des fonctions qu'ils exerçaient à l'extérieur ou dans des parties éloignées du lieu de la scène, et c'était un de ces messieurs que la petite avait eu le bonheur de rencontrer.

Elle traversa le corridor que suivait Pédrillo, en chantant, et en tenant en évidence un plateau chargé de conserves qu'elle portait, n'importe où. Elle tourne la tête du côté du vieillard, et passe rapidement; elle avait pourtant fait ses remarques. Pédrillo tenait un panier, très-probablement garni de vivres, et il marchait vers une porte qui était au fond du corridor.

Le rusé vieillard avait entendu et vu la petite. Il avait trouvé extraordinaire qu'elle apportât des conserves d'une partie de la maison où on n'en avait jamais mis. Il ne se doutait pas que la petite eût encore parlé à Séraphine, et cependant il eut des soupçons. Il était essentiel que le jeune homme ne s'évadât point, et les plus faibles moyens sont quelquefois les plus sûrs. Pédrillo ne prévoyait point comment la petite préparerait une évasion; il ne jugeait pas même qu'elle y eût le moindre intérêt;

mais les conserves étaient suspectes, et Pédrillo ne se souciait pas de voyager quinze jours pour ramener le seigneur de Mendoce.

Cependant, après s'être assuré que les corridors étaient libres, le vieillard ouvrit les deux premières portes, passa un excellent déjeûner par le guichet de la troisième, referma toutes ses serrures, et fut faire part de ses soupçons à Cerdagne. Le comte crut faire un coup de maître en consignant aussi la petite : il s'était à peine écoulé un grand quart-d'heure, et l'heureux amant de Séraphine tenait déjà le tendre billet.

La petite avait conté en quatre mots à son mari ce qu'elle avait observé; elle avait dépeint aussi brièvement les corridors qu'elle avait traversés; et une petite cour carrée, entourée des écussons du maître, et qui donnait sur le corridor que suivait Pédrillo, avait éclairé maître Guzman. «Ma bonne amie, ma bonne amie, il est dans la tour qui sert de prison aux pages. Trois chambres l'une sur l'autre, que je connais pour les avoir habitées en trois mois.... Donne-moi ton billet. — Tu as donc une clef de cette tour? — Non. — Et par où entreras-tu? — Je n'entrerai point. — Que feras-tu donc? — Tes jarretières, tes lacets, tes rubans; noue-moi vîte tout cela ensemble, attache le billet à l'un des bouts. Je monte dans le grenier qui est au-dessus de nous : de celui-là je passe dans un autre; je sors par la lucarne... — Tu te tueras, malheureux! — Non. Je descends par une pente assez douce sur la terrasse de la tourelle, je descends le billet le long des croisées, qui sont l'une sous l'autre, et Mendoce le prendra par la fenêtre de la chambre où il se trouvera ».

Aussitôt dit, aussitôt fait. Mendoce étourdi, gai, mais sensible et bon, plaignait, consolait, pansait son pauvre Trufaldin, lorsque le billet suspendu à une attache légère vint voltiger devant sa fenêtre. Il ne douta point que sa tendre Séraphine ne se fût occupée de lui. Il brûlait de tenir le précieux parchemin; mais la fenêtre était à dix pieds de terre, et c'est ce qu'avait oublié l'obligeant et trop pétulant page. « Comment faire, bon Dieu! Ne pas prendre ce billet! renoncer à une consolation si nécessaire à un captif! Allons, Trufaldin, un peu de courage, mon ami, viens ici, et je sauterai sur tes épaules. — Mais, seigneur...... — Hé! viens donc, bourreau. Si la main bienfaisante qui me présente ce vélin allait se retirer!......

Viens, viens donc ». Le billet est pris, lu, relu, baisé, baisé encore, et Guzman est heureusement rentré chez lui, quand Pédrillo vient, de la part de monseigneur, ordonner à la petite de garder les arrêts.

Une précaution en amène une autre. Les archers qui avaient conduit Mendoce à la tour, pouvaient jaser avec les domestiques : on interrompit encore toute communication entre le corps-de-garde et le château. Il était temps ! Oh ! l'amour fera toujours des dupes.

Cependant tout se disposait pour la tenue de cette cour d'amour, qui devait rappeler ce qu'on avait vu de plus fameux en ce genre à Avignon, à Pierre-Feu, à Romain, sans compter cette fameuse cour d'amour tenue par la reine Berthe, pour juger le chevalier Robert. C'est ce tribunal qui connaissait de toutes les injures faites aux belles, qui n'offrait qu'un jeu d'esprit lorsqu'il n'était question que de bagatelles, mais qui punissait par la dégradation et même par la peine de mort, les chevaliers qui s'étaient portés aux derniers outrages. Ces cours étaient ordinairement présidées par les plus grands seigneurs du pays, qui, pendant la session, s'appelaient *princes d'amour*. Les juges, les assesseurs, les hérauts d'armes étaient choisis parmi les femmes les plus qualifiées et les plus jolies du canton; les formalités, les cérémonies, tout respirait la plus noble galanterie, et si on convient de l'influence qu'a toujours eue le sexe sur les mœurs des hommes, on avouera que ces siècles étaient ceux de l'ignorance, et non pas de la barbarie.

Le but de Cerdagne était de faire à Mendoce une peur qu'il n'oubliât de sa vie, et qui le rendît sage. Il n'osait se flatter que sa fille seule opérât ce prodige ; et, avec un homme comme Mendoce, on ne pouvait rien attendre que de la raison cachée sous la forme des grâces, et embellie par le sentiment.

Déjà sept à huit piqueurs étaient partis pour avertir une cinquantaine de gentilshommes les plus voisins, qui devaient arriver dans la journée, armés de pied en cap. Des palefreniers conduisaient des mules aux plus jolies des vassales de monseigneur, qui avait, pour les habiller magnifiquement, la garde-robe tout entière d'une épouse qu'il avait tant aimée. Pédrillo avait reçu l'ordre d'arranger avec la plus grande pompe la salle où s'assemblaient les officiers hauts-justiciers du comte; et le comte, qui avait besoin de Théodora pour pousser vivement Mendoce, était allé en personne lui donner ses instructions. « Bonjour, ma chère Théodora. — Eh bien! seigneur, qu'y a-t-il de nouveau? Allez-vous mettre ma patience à de nouvelles épreuves? — Toujours grondeuse, Théodora. — Il y a long-temps que vous le savez. — Et que je m'en plains. Au reste... — On ne change plus à quarante ans; j'achève votre pensée. — Je vous en remercie. — Au fait, seigneur, que me voulez-vous? — Je viens vous proposer de vous charger d'un grand rôle. — Ah! ah! et de quel genre est ce rôle? — Un insensé, un téméraire a manqué de respect à ma fille, et je veux l'en punir. — Ah! vous en revenez à mon sentiment. Je le savais bien qu'on m'écouterait à la fin. Et de quel genre de mort le punirez-vous? — Comment, de quel genre de mort? — Allons, n'allez-vous pas ménager un paltoquet qui a l'insolence de plaire,

plaire, qui entre chez vous par un soupirail, et qui m'enferme dans un caveau au vin. Votre haut-justicier, ses conseillers, ses gens de plume sont-ils avertis, sont-ils arrivés? l'audience va-t-elle s'ouvrir? — Je n'ai besoin d'aucun de ces gens-là. — Ah! vous le ferez expédier sans formalités : c'est plus bref. Mais quel rôle jouerai-je donc dans tout ceci?—Voulez-vous me faire la grâce de m'entendre?—Eh! je ne fais que cela. — Il me semble, au contraire, que vous m'interrompez à chaque mot. — Je suis muette. Voyons vîte le rôle que vous me destinez. — Je convoque une cour d'amour. — C'est une misère que cela. — C'est tout pour un homme d'honneur. La dégradation de la chevalerie....... — Et s'il n'est pas chevalier? — Il l'est. — Mais son valet, au moins.... — Oh! nous verrons ce qu'on en fera. Je convoque donc une cour d'amour, et ma fille présidera. — La belle idée! — A la rigueur, je devrais me nommer prince d'amour; mais je suis le seul ici qui sache lire et écrire, ainsi je me charge de la partie des écritures. — Mais votre fille ne condamnera pas un homme que je la soupçonne fort d'aimer. — Elle n'a pas le droit de l'absoudre: d'ailleurs je lui donne pour rapporteur quelqu'un qui n'a jamais plaisanté, et que je crois incorruptible. — Et qui, s'il vous plaît? — Théodora. — Rapporteur, moi? Je suis rapporteur! Ah! quel rapport je vais vous faire! Je sais par cœur celui qu'on prononça dans la fameuse affaire de Pierre de Provence et de la belle Maguelone : il n'y aura que quelques mots à changer. Ah ça, et qui proposera les questions à résoudre par le délinquant? — Moi. — Il faut ici des questions bien entortillées, bien obscures; des questions... — Insolubles, n'est-ce pas? — Insolubles, c'est le mot. — J'en ai trouvé dans les procès-verbaux des cours d'amour d'Avignon, de Pierre-Feu, de Romanin. — Bon, et dégradé à la minute, s'il répond de travers. — Je vais vous envoyer des habits magnifiques. — Bien. — Pédrillo vous servira à dîner dans votre chambre; ainsi rien ne vous empêchera d'être prête quand on viendra vous avertir.

Cerdagne s'en fut dîner en petit comité avec monsieur et madame d'Aran. Il leur parlait de ses dispositions magnifiques, comme d'une chose qui devait lui faire autant d'honneur, qu'elle serait utile à leur fils. « Je veux voir cela, disait le comte d'Aran. Vous me prêterez encore votre armure bien complète, et je me mêlerai parmi vos hommes d'armes. — Mais, mon cher Cerdagne, reprit la comtesse, savez-vous que je n'approuve pas trop votre projet? — Et pourquoi cela, madame? — Mon fils a de l'esprit, beaucoup d'esprit, infiniment d'esprit, et cela est incontestable. Mais si l'aspect imposant de l'assemblée, un mouvement de frayeur, une distraction, le faisaient répondre de travers, il perdrait la noblesse, lui, plus noble, bien plus noble que le roi d'Aragon, et l'unique espoir de notre postérité. — Il ne perdra rien, madame. — Mais les arrêts des cours d'amour sont sans appel. — Oui, quand elles sont compétentes. Celle-ci est composée de moi, de ma fille, de ses femmes, de mes vassaux, et bien certainement on ne peut être à la fois juge et partie. Nos jeunes gens et les autres, qui ignorent les plus simples élémens du droit naturel, ne s'aviseront pas de récuser le tribunal; mais je le casserai, moi, de mon autorité privée, si je vois les choses tourner mal. — Vous me rassurez, cher comte, et bien qu'excessivement fatiguée, je veux être présente aussi. Le cher enfant! je ne l'ai pas vu depuis six ans. — Moi, je l'ai embrassé, et le coquin a pris mes larmes paternelles pour de la pituite. — Mais, madame, reprit Cerdagne, votre fils vous reconnaîtra. — Je prendrai un habit de matrone et un grand voile noir. — Théodora a votre affaire. — Je me mêlerai parmi les conseillères. — Fort bien. — Et j'opinerai contre mon libertin de fils.... si pourtant je peux résister à l'envie de l'embrasser à mon tour. — Ah! résistez, madame, par grâce, résistez; vous gâteriez tout. — Ah ça, cher comte, comment finira la séance? — Hé, parbleu! par ce que nous désirons tous. La procédure sera suivie d'un bal, le bal d'un gala, et de la table à l'autel. Puisse votre fils rendre ma Séraphine heureuse! et, ma foi, je l'espère. Il est étourdi comme je le fus à son âge, mais il a le cœur bon comme moi. J'ai dû beaucoup à ma femme, de glorieuse mémoire, et j'aime à me persuader que la sienne le ramènera. — Ainsi soit-il, cher comte. — Hé! mais, quel bruit entends-je dans mes cours »?

Cerdagne se lève, sort et revient. « C'est une cinquantaine de mes hommes d'armes, couverts de leurs plus riches armures; ce sont les plus jolies de mes vassales, que des habits somptueux vont rendre plus belles encore. Pédrillo ? — Monseigneur ? — Fais mettre les chevaux de bataille dans mes écuries; conduis les maîtres à la salle à manger, sers-leur ce que tu trouveras de mieux, et envoie-moi la femme de Guzman. Ah! va prendre un habit de duègne complet chez Théodora, et apporte-le à madame la comtesse. Passe à mon arsenal, et prends-y l'armure que le comte a endossé le jour que l'espiègle a pénétré jusqu'à moi. Ah! va dans mon cabinet, ouvre mon grand bureau noir, prends l'écrin de madame de Cerdagne, porte-le à Séraphine; et dis-lui de ma part de charger de diamans sa coiffure et ses habits. — Ah! je vous en prie, monseigneur, ne m'ordonnez plus rien. — Non, que de faire sortir tous mes gens des arrêts, de conduire un détachement de mes hommes d'armes à la tour, pour amener l'aimable prisonnier quand il en sera temps. Tu t'iras coucher après, si tu veux; je t'y engage même, car il est au moins inutile que Mendoce te reconnaisse ».

Le comte et la comtesse d'Aran sont travestis. La bonne dame, exténuée de la façon de Trufaldin, essaie de marcher par la chambre, appuyée sur une canne en béquille; la petite vient prendre, en riant, les ordres de monseigneur; monseigneur, qui aime les femmes gaies, la prie, en riant aussi, et sans savoir pourquoi, de faire rafraîchir ses vassales, de les conduire à la salle haute, entourée d'armoires, où sont les habits de cour de feu madame la comtesse, de les distribuer selon l'âge, la taille, la grosseur; de faire les pinces et les replis nécessaires, et surtout de mettre à cela autant d'ordre qu'on en a mis depuis au magasin de l'Opéra.

La petite part en sautant; Cerdagne sort, donne un signal à son nain, et aussitôt les cornets à bouquin, les trompettes, la grosse cloche de la chapelle, celle qui appelle les commensaux à dîner, le carillon de la grande horloge, les tambours, tout sonne et joue à-la-fois. Quel dommage qu'il n'y eût pas alors de canon! Tous ceux qui étaient dans le château fussent devenus sourds pour la vie. Le bruit de ce concert infernal pénétra jusqu'aux bas-fonds de la tour où gisait Trufaldin. Il sauta, malgré ses douleurs, du lit que son bon maître lui avait abandonné, et il s'écria : « Voilà les inquisiteurs de Pallarols qui viennent prendre leur revanche! — Toujours poltron? — Et malgré cela toujours battu. Si vous l'aviez été comme moi, vous auriez peur de votre ombre. — Imbécille! tu ne vois pas que le futur beau-père veut s'égayer à nos dépens. — Que le diable m'emporte si je ris de ces essais-là. — Mais, bélitre, je t'ai lu le billet, le doux, le charmant billet de l'adorable Séraphine! — La belle caution! les amans voient tout de travers, et j'en ai su quelque chose quand j'ai pris madame votre mère pour Inès. — Faquin, s'il t'arrive jamais de dire un mot de cette impertinence, à moi, à qui que ce soit au monde, à Inès même, je te coupe l'oreille qui te reste. — J'entends bien, monseigneur, et je ne vous en parle que pour vous prouver..... — Paix. — Qu'un roturier..... — Paix. — Se trompe comme un noble, et un noble comme un roturier. — Paix, paix, pour la dernière fois, paix! — Ah! mon Dieu! on ouvre les portes. — Et sans cela comment sortirions-nous? — Vous vous tirerez d'affaire, vous, et moi..... — Et toi, qu'as-tu à craindre chez le comte de Cerdagne? — Mais j'étais chez lui quand votre père m'a si bien étrillé. — Je t'aurais tué, à sa place; ne me romps pas la tête davantage ».

Les portes s'ouvrent en effet; dix à douze hommes d'armes, couverts de fer, la visière basse et la lance en arrêt, ordonnent à Mendoce de les suivre. « Un moment, messieurs, j'ai là un petit miroir d'acier qu'il faut que je consulte : je ne paraîtrai pas, quoi que vous fassiez, dans le désordre où me voilà. — Allons, presto, dit un homme d'armes en grossissant sa voix. — Ah! monsieur le bourru, reprit Mendoce en arrangeant les crevasses de ses manches et de son haut-de-chausses, en donnant une tournure élégante aux boucles de ses blonds cheveux; ah! monsieur le bourru, je vois bien que vous n'êtes pas amoureux. — Presto, seigneur, prestissimo. — Si nous étions tête-à-tête en rase campagne, je vous presserais bien autrement. — Vos armes tomberaient devant moi. — Diable! — Elles tomberaient, vous dis-je». En effet, c'était son père qui lui parlait.

Mendoce sortit de sa tour, en levant les épaules devant le bourru, en se caressant le menton, et en arrangeant les plis de sa fraise. On ne saurait penser à tout, et Cerdagne n'avait pas donné d'ordres au sujet de Trufaldin. L'écuyer, qui ne se souciait pas de rester seul dans la tour, se mit à côté de son maître, et marcha avec lui entre deux escouades de ces hommes bardés de fer, qui les conduisirent au petit pas, et au son des trompettes, dans la salle où s'était établi le tribunal.

Sur les côtés, étaient des banquettes couvertes de draperies écarlates, relevées en bosse d'or. Sur ces banquettes étaient assises vingt ou trente femmes, plus jolies les unes que les autres, et parées de tout ce que l'art peut ajouter à la beauté. Dans le fond était un fauteuil à bois doré, couvert de coussins cramoisis, chargés de galons et de crépines d'argent; ce siége était occupé par Théodora, travestie en rapporteur. Au milieu de l'audience était le comte de Cerdagne, vêtu d'un tissu d'or, relevé d'une broderie en argent. Il était assis devant une table couverte d'un tapis et chargée de papiers. A côté du fauteuil de Théodora, était un dais surmonté de plumes, à rideaux de velours vert, retroussés avec des glands d'or; le fond présentait en grand les armes de la maison de Cerdagne, brodées à l'aiguille, et du travail le plus parfait. C'est sous ce dais que paraissait Séraphine, élevée au-dessus des autres femmes, plus encore par ses charmes que par le rang. La soie ondoyante eût laissé deviner ses formes, si les pierres précieuses qui les couvraient n'eussent ébloui l'œil le plus téméraire et le plus perçant. Derrière le dais étaient rangés les hommes d'armes, qui s'étendaient circulairement le long des banquettes. En avant de Cerdagne, une balustrade en cuivre doré séparait le tribunal de l'auditoire, composé des vassaux roturiers et des domestiques du comte. C'est parmi eux qu'étaient cachés Pédrillo, Rotrulde, Inés, Guzman, la petite, et ceux à qui il était défendu de se laisser voir.

Mendoce ne put se défendre, en entrant dans cette salle, d'un mouvement de respect et d'admiration, et dès qu'il parut, il fixa tous les regards. Beau comme l'Apollon du Belvéder, fait comme lui, il portait un habit de satin blanc à crevasses couleur de rose. Des bottines d'un vert clair, un petit chapeau de la même étoffe que ses crevasses, surmonté de plusieurs plumes qui badinaient au gré de l'air : ses grâces et son air modeste complétaient sa parure.

Il traverse la salle, frappé du silence profond qui règne autour de lui. En passant devant Séraphine, il met un genou en terre, et se recueille un moment devant la divinité qu'il adore. Fort de ses promesses, et disposé à la seconder, quoi qu'elle fasse, il se tient debout, à la place qu'on lui désigne, et Trufaldin le suit pied à pied : il est devenu l'ombre de son maître.

Cerdagne n'avait pas prévu que monsieur l'écuyer accompagnerait Mendoce. Sa présence ne lui plut pas du tout; en effet, le bavard pouvait répondre, aux interrogations qu'on lui adresserait, certaines choses d'un rapport trop direct à certaine aventure qui ne pouvait pas flatter certain comte. Mais enfin ce diable d'écuyer était là ; Cerdagne ne pouvait le renvoyer sans entrer dans certains détails : il jugea à propos de laisser là Trufaldin, mais il se promit bien de ne pas toucher la corde délicate.

Mendoce regarde Séraphine. L'air sérieux de la demoiselle l'avertit de garder celui qu'il avait pris d'abord. Théodora se leva de l'air le plus important, et se disposa à parler : « Un moment, s'écria Trufaldin. — Silence, dit un héraut d'armes. — Je parlerai morbleu ! — Silence, silence. — Oui quand j'aurai fini. Vous saurez que je ne mérite pas l'honneur d'être jugé par une cour d'amour, que je ne suis pour rien dans cette affaire, que mon maître est un fou, qui n'a pas voulu m'écouter, que vous en ferez ce qu'il vous plaira, et que je vais vaquer à mes affaires ».

En finissant ce burlesque plaidoyer, Trufaldin traverse la salle en courant, et les hommes d'armes coururent après lui. En dépit de ses brûlures, il sautait la balustrade, et allait se faire jour à coups de poing à travers la valetaille, lorsque le comte d'Aran, qui lui en voulait, et très-fort, l'arrêta par le talon, le jeta le nez par terre, et le reconduisit à sa place, le fer de sa lance dans les reins. « Encore un accident, disait Trufaldin, en se frottant le visage. Il n'y a pas de raisons pour que cela finisse ».

Malgré le grand sérieux qu'affectait Mendoce, il était difficile qu'ennuyé de la lenteur de Théodora, il ne revînt un peu à son caractère. « Allons donc, dit-il, aimable rapporteur, voyons les griefs à ma charge. — Du respect pour vos juges, répond Théodora, en fronçant le sourcil. — Vous êtes sans doute très-respectable. — N'oubliez pas, dit

Séraphine, avec dignité, que c'est moi qui préside ». Mendoce ne répond que par une profonde révérence. Diable! disait à part lui Cerdagne, ma fille a le ton magistral. « La session est ouverte, reprend Séraphine. Voyons, madame, votre rapport ».

Théodora, toujours debout, attendait avec impatience le moment de faire briller son éloquence. Elle passe la langue sur ses lèvres, elle baisse les yeux, elle se relève, et commence.

« Quand je me remémore tant de romans fameux, qui font les délices de nos soirées d'hiver, quand j'y vois des chevaliers brûler trente ans consécutifs d'un amour respectueux, et ne baiser la main de leurs princesses qu'après les épousailles, quand j'y vois arracher le baudrier et les éperons au téméraire qui exprime simplement un désir injurieux, que dirai-je de celui qui est l'objet d'une procédure qui va fixer l'attention de tout le monde chrétien ?

Rappellerai-je au tribunal des félonies malheureusement trop connues ? Un nom supposé, un père menacé, un asile violé.... Non, je ne retracerai pas des crimes dont la seule idée fait frémir d'indignation tous les honorables membres. J'applaudirai, je partagerai ce sentiment, garant terrible et sûr de la pudicité du sexe, et je terminerai en quatre phrases ».

Ah ! bon, dit Trufaldin en lui-même, elle ne conte pas à ces dames que j'ai eu l'honneur de coucher avec la comtesse. Gardons-nous bien d'en dire un mot.

Théodora tousse, crache, se mouche et se résume.

« Il est constant, il est avéré que

ce chevalier déloyal est coupable au premier chef, d'après les statuts de la chevalerie : il est donc évident qu'il a encouru la dégradation. Cependant la cour, dans sa clémence, lui accorde la faculté de se défendre, et son honneur dépendra de la manière dont il va répondre aux questions qui lui seront proposées ».

Ici, Cerdagne regarde son gendre en dessous, en ayant l'air de feuilleter ses paperasses. Ici, Mendoce prend un air pensif, et même timoré. Ah, ah! se disait le beau-père, le fripon ne rit plus, il commence à avoir peur. Je savais bien que je le corrigerais. Le cher comte ne s'apercevait pas qu'à chaque instant Mendoce fixait Séraphine, la devinait au coup-d'œil, et s'arrangeait un visage selon le vœu de sa charmante maîtresse.

« Quant au valet, complice de ces

projets audacieux, reprend Théodora, il ne mérite pas, ainsi qu'il l'a observé lui-même, l'honneur d'être jugé par une cour d'amour. — Ah! grand merci, bonne dame. — Je conclus à ce qu'il soit livré à la justice ordinaire du seigneur de Cerdagne, et pendu dans les vingt-quatre heures. — Voilà une femme bien endiablée après moi. Ça vous parle de pendre un homme, comme un ivrogne de casser une bouteille vide. Quoi! parce qu'il m'est arrivé cette nuit de prendre une dame pour une grisette...... Aïe, aïe, aïe! finissez donc, monsieur l'homme d'armes, je peux défendre mon cou, peut-être »? C'était encore le comte d'Aran, qui, pour faire taire Trufaldin, lui piquait le derrière avec sa lance. « Si tu ajoutes la moindre chose sur la grisette ou la dame, dit Cerdagne, d'un air courroucé, tu seras pendu sans formalité. — Seigneur Mendoce, mon cher maître, plaidez ma cause, au moins tirez-moi des mains de ces gens-là. — Mon pauvre Trufaldin, je n'ai pas la parole. — Il faut la prendre, morbleu ! — Silence, crie le héraut. — Silence, silence! Je voudrais vous y voir. Vous vous laisseriez pendre sans rien dire, n'est-ce pas »? Puis s'adressant de nouveau à Mencoce : « Et vous qui perdez la parole quand il n'est question que de vos éperons et de votre baudrier, vous aviez bien besoin de me fourrer dans ce galimatias. Seigneur Cerdagne, ayez pitié d'un pauvre diable, qui ne vaut pas le cordon; renvoyez-moi, mariez votre fille comme vous l'entendrez, et si j'approche seulement de vos frontières........ — Il me semble, poursuivit Cerdagne, que sans être justiciable de la cour, le valet peut suivre le sort de son maître. — A la bonne heure, dit Théodora, et je retire la dernière partie de mes conclusions : condamnés ou absous ensemble.

« Condamné à perdre mes éperons, reprit Trufaldin...... Ah ! parbleu, les voilà, et les bottines aussi. Je vous salue, et je m'en vais ». Il jette ses vieilles bottes au milieu de la salle, et se remet à courir. Il trouve partout la pointe de la lance du comte d'Aran, redevenu leste par le désir de se venger, et l'écuyer est encore forcé de se remettre à sa place.

Tous ceux qui étaient dans le secret se pincèrent les lèvres pour ne pas éclater. Inès seule, Inès, tremblant pour son écuyer, murmurait, se plaignait, et allait adresser au tribunal des remontrances telles quelles, lorsque Pédrillo, qui avait l'œil à tout, qui prévoyait tout, et qui parait à tout, prit la grosse fille par la main, et la mit à la porte.

Cerdagne, bien remis, reprit la parole : « J'ai proposé, dit-il, que les deux coupables fussent condamnés ensemble, mais je n'ai pas entendu qu'ils subissent la même peine. Trufaldin, tu es le plus âgé, tu n'es pas sot, et tu as sans doute été l'instigateur de tout ceci. — Non, par saint Pancrace! Seigneur Mendoce, rendez-moi au moins cette justice ». Théodora, qui ne demande qu'à déployer la sévérité de son emploi, déclare que, d'après la sentence de l'officier de plume, elle persiste à la peine prononcée contre le valet.

« L'enragée n'en démordra pas, s'écrie l'écuyer. Au moins, seigneur Mendoce, n'allez pas répondre de travers.

Jusqu'alors la belle, la sensible Séraphine avait gardé le silence. Elle crut

crut qu'il était temps d'exercer ses fonctions, et s'adressant à Mendoce de l'air le plus sérieux : « Vous avez entendu, dit-elle, ce dont on vous accuse; qu'avez-vous à dire pour vous justifier? — Je ne puis nier les faits qui me sont imputés. — Que diable, on nie toujours, dit Trufaldin. — Ecrivez qu'il avoue, reprit Théodora. — Mais, continue Mendoce, je demanderai à tous ceux qui verront Séraphine, s'il est possible d'écouter sa raison auprès d'elle, et si le délire qu'elle a fait naître ne doit pas trouver grâce à ses yeux.

« Voilà, s'écrie d'une voix aigre la dame rapporteur, voilà un argument bien tourné. C'est-à-dire que si elle était votre femme, il serait permis de l'aimer à tous ceux qui la verraient, il leur serait loisible de faire les extravagances qui leur passeraient par la tête, sans qu'elle, ni vous puissiez le trouver mauvais, et cèla parce qu'elle a de beaux yeux! Vous ne vous tirerez pas d'affaire par là, mon cher ami.

Bien, fort bien, disait tout bas Cerdagne, et il se frottait les mains, et il sautait sur l'humble pliant qu'il avait pris en qualité de greffier. « Je suis, dit Séraphine, plus sérieuse que jamais, je suis de l'avis du rapporteur. Cette réponse du chevalier, faite avec réflexion, est plus offensante peut-être que les démarches qui l'ont précédée ».

Cerdagne ne saute plus, les bras lui tombent, et il ne conçoit pas que sa fille, qui a fait l'aveu de sa tendresse, poursuive aussi son amant. Pendant qu'il s'étonne, qu'il réfléchit à la bizarrerie des femmes, Théodora, qui ne perd pas son objet de vue, requiert l'homme de plume d'écrire que l'accusé n'a rien à dire pour sa défense, et de passer de suite aux trois questions d'usage.

Ici la crainte, l'inquiétude, les alarmes de Trufaldin redoublent. Il s'approche de l'oreille de son maître : « Tenez-vous bien, au moins ; ce n'est pas un jeu d'enfant que ceci ».

Cerdagne lève la tête, et propose la question suivante, avec toute la solennité qu'il peut mettre dans son maintien et dans sa voix.

« Quel est celui qui produit sans cesse, et qui sans cesse dévore ses enfans » ?

Mendoce réfléchit ; sa mère, cachée derrière le dais de Séraphine, tremble qu'il ne compromette sa réputation d'homme d'esprit ; son père s'aperçoit avec plaisir que le jeune homme ne marque aucun embarras ; et comme il n'est pas de sot qui ne soit plein de confiance en sa pénétration, Trufaldin réfléchit aussi de son côté.

« Quel est celui, reprend Cerdagne, qui produit sans cesse, et qui sans cesse dévore ses enfans? — C'est un lapin, s'écria Trufaldin. — C'est le temps, répond modestement Mendoce. — Parbleu, dit Cerdagne d'un air de satisfaction, voilà précisément ce que répondit Lancelot à la cour d'amour de Pierre-Feu.

Il allait motiver la validité de la réponse, lorsque la dame au grand voile noir, enchantée de la sagacité de son fils, quitta sa cachette, et courut à lui les bras ouverts. Cerdagne se leva précipitamment, lui prit respectueusement la main, et la conduisit derrière le président. Quelle est donc, se disaient tous les assistans, d'Aran et Pédrillo exceptés, quelle est cette femme à qui le comte marque tant d'égards?

Ce petit incident avait suspendu la discussion, mais n'avait pas détourné Séraphine de son objet. Elle voulait intriguer son père à son tour, et, rappelant l'attention sur la réponse de Mendoce, elle soutint qu'elle était fausse, et de toute fausseté.

Cerdagne commença à trouver l'opiniâtreté de sa fille plus qu'extraordinaire, et il devint, sans s'en apercevoir, le défenseur de celui qu'il avait poursuivi: « Comment, dit-il, ce n'est pas le temps qui produit sans cesse, et qui sans cesse détruit ses enfans? — Non, seigneur. Le temps détruit sans doute, mais la nature seule a la faculté de produire. — Ces dames, reprit Théodora, sont sans doute de l'avis du président »? Ici toutes les bachelettes se lèvent *spontanément*.

« Ecrivez, poursuivit le rapporteur, que l'accusé ne sait ce qu'il dit. — Prenez donc garde à ce que vous faites, dit Trufaldin à son maître; que diable, vous allez me faire pendre ».

Cerdagne écrivait de fort mauvaise grâce et de plus mauvaise humeur. Il fixa alternativement sa fille et Mendoce, ne remarqua aucun signe d'intelligence, pas la moindre marque de gaîté, et passa à la seconde question :

« Quel est le plus parfait des deux sexes » ?

« Ah! par exemple, reprit Mendoce, voilà une question tout au plus propre à embarrasser des enfans. — Un moment, s'écria Trufaldin, consultez-vous un peu. On n'est pas de cette étourderie-là. Je vois bien que vous ne risquez que des éperons.

« Quel est, répète Cerdagne, le plus parfait des deux sexes? — Le féminin pour un homme galant; le masculin pour une femme sensible.

« Ta, ta, ta, ta, dit le rapporteur, c'est là tout ce que vous savez, beau chevalier? Je suis une femme sensible, j'espère, et je vous soutiens que nous valons mieux que vous. Qu'en pense le tribunal »?

Tous les assesseurs étaient debout avant qu'on eût demandé leur avis. « Ecrivez pour la seconde fois, poursuivit Théodora, que l'accusé ne sait ce qu'il dit. — Me voilà perdu, s'écria Trufaldin ».

Le comte et la comtesse d'Aran étaient très-mécontens du tribunal. Il leur semblait que leur fils avait répondu comme un ange, et ils commençaient à se repentir de s'être prêtés à l'épreuve de Cerdagne. Pour le père de Séraphine, il était d'une colère, mais d'une colère qu'il contenait à peine, et qui parut à l'altération de sa voix, lorsqu'il posa la troisième question :

« Quel est l'état le plus heureux pour la femme » ?

« C'est celui de l'amour, répondit Mendoce, parce qu'alors la femme reprend sur nous l'empire que nous affectons sur elle en toute autre circonstance.

« Ah! dit Cerdagne avec un long soupir, je me flatte que cette fois vous ne contesterez pas la justesse de sa réponse. — Elle n'a pas le sens commun, interrompit le rapporteur. Qu'est-ce que c'est, s'il vous plaît, que l'empire des hommes dont on nous parle ici? Je ne suis pas mariée, et sans doute je ne me marierai jamais, je n'estime pas assez ces messieurs pour cela; mais amante ou épouse, indifférente ou non, un homme, quel qu'il soit, s'avisât-il seulement de me regarder de travers, jour de Dieu! je lui ferais voir que cet empire ne soumet que des sottes. — Hé! madame, répliqua Cerdagne en fureur, vous oubliez que le capitaine Diégo.... — Diégo était un brigand. — Il ne vous a pas moins soumise. D'ailleurs ce sont des raisons qu'il faut ici, et non de l'emportement. — J'en donnerai, et d'excellentes, dit froidement Séraphine. — Parbleu, je vous en défie, lui répondit son père. — Je ne nierai point, reprit la jeune personne, que l'homme en général n'abuse de son empire; mais lorsqu'il y renonce volontairement, qu'il soumet, qu'il abandonne tout son être à l'objet qui a su le charmer, quelle femme délicate et raisonnable pourrait s'en prévaloir? Ne sentira-t-elle pas que l'amour n'est qu'un échange de soins et d'égards, qu'il s'éteint au seul soupçon de la contrainte, et que, pour plaire longtemps, l'épouse doit être la plus aimante et la plus douce »?

« Je suis mort »! s'écrie Trufaldin, et il se jette la face contre terre. Cerdagne hors de lui, saute sur son pliant, sur la table, envoie d'un coup de pied son écritoire au bout de la salle, menace Théodora, et s'adressant à sa fille, « Quelle fureur avez-vous donc de faire de l'esprit, et même contre vous? Il y a une heure, vous trembliez pour ce jeune homme, et vous le poursuivez avec un acharnement...—Ce n'est point à l'homme de plume que je vais répondre, il n'est là que pour écrire; c'est à mon père, qui ne saurait perdre ses droits. Seigneur, votre juste ressentiment est entré dans mon cœur. Je ne vois plus dans Mendoce qu'un homme digne d'une punition exemplaire, et je vais la prononcer. — Allons, c'est trop fort, et ceci n'est pas naturel. Séraphine, tu me joues.... Ah! tu ris, méchante fille! — J'avoue, seigneur, que je me suis un peu vengée des inquiétudes que vous m'avez causées, et le jeune comte d'Aran, le fils du frère d'armes, était d'intelligence avec moi. — Comment! vous saviez tous deux... — Oui, que nous n'avions rien à craindre. Pardonnez-nous cette tricherie, seigneur : je n'ai pas prévu l'état où elle vous a mis. — Il faut bien, parbleu, que je pardonne, puisque mes ruses sont découvertes : d'ailleurs, je comptais toujours en venir là. — Ce pardon sera le dernier, je vous le jure, lui répliqua Mendoce. Mon amour n'est comparable qu'aux charmes de Séraphine : qui pourrai-je lui préférer jamais? — Mais il me semble, reprit le comte d'Aran, en levant sa visière, qu'on a aussi besoin de mon indulgence. — Moi, je commence par tout oublier, dit la comtesse en levant son voile, et se jetant dans les bras de son fils. — Mon père... ma mère... — Cher Mendoce! sois sage.... sois heureux ». Et les embrassemens et les exclamations durèrent un quart-d'heure.

Séraphine était rayonnante. Il est si doux pour la beauté d'accorder sa vertu et son cœur! Le grand sérieux du tribunal avait fait place à la joie la plus vive; on se mêlait, on souriait, on parlait tous à-la-fois : c'était charmant. Cerdagne apprit de Mendoce qu'il savait l'arrivée de son père et de sa mère. Il loua la délicatesse qui avait porté le jeune homme à jouer la surprise, pour éviter à la comtesse le désagrément de certaines explications sur lesquelles pourtant Trufaldin s'était suffisamment étendu dans la tour. Le comte augura bien de la discrétion de son gendre, et regardant sa Séraphine avec attendrissement : « Sois son époux, demeure son amant, et par pitié pour mes vieux ans, sois-lui toujours fidèle. Je renonce aux preuves, renonce aux aventures.—Je vous le jure, mon père, par l'amour et par l'honneur ».

Théodora était la seule qui n'avait pris aucune part à la satisfaction générale. L'étonnement où l'avait jetée ce dénouement imprévu, lui avait ôté l'usage de la parole ; mais revenant enfin à son caractère, elle mit ses poings sur ses hanches, et sortit en disant à Cerdagne : Ce jeune fou épouse Séraphine ; il ne le devait pas ; je ne le voulais pas : je suis outrée, furieuse, désespérée, et je ne sais qui je dois blâmer le plus, de l'amoureux ou du beau-père.

Trufaldin, lui, qui se croyait pendu ou prêt à l'être, était resté étendu sur le plancher. Mendoce, qui lui était vraiment attaché, quitta, pour le secourir, la belle Séraphine à qui il avait tant de choses à dire. La joie du bonhomme fut extrême quand il apprit que sa vie était en sûreté, et qu'il pourrait revoir Inès sans être exposé à de nouveaux accidens. « Seigneur Cerdagne, dit-il, pendant que vous êtes en train de faire des mariages, daignez consentir au mien. Mademoiselle Inès n'en sera pas fâchée; elle vous servira avec plus de zèle, et je ferai mes efforts pour vous être agréable. — Ah! tu comptes donc rester avec moi? — Hé! comment voulez-vous, après ce qui s'est passé cette nuit, que la comtesse d'Aran.... — Ah! diable, je ne pensais plus à cela. Allons, je te fais mon lecteur. Va annoncer cette nouvelle à ta grosse fille, à qui, par considération pour toi, je donnerai une place plus relevée, et soyez prêts tous deux pour cette nuit. — Quoi! s'écria Mendoce, c'est cette nuit, cette nuit même..... — Oui, mon ami : ce qu'on perd en bonheur ne se retrouve jamais, et accélérer celui de ma fille, c'est céder à mon cœur. Mesdames et seigneurs, passons dans la salle de bal; je me sens de force à l'ouvrir avec la future comtesse d'Aran : c'est le privilége des papas ».

On court, on se presse, la joie commune fait oublier l'étiquette. Les vassaux nobles se mêlent avec les gens titrés. Telle comtesse ne dédaigne pas une sarabande que lui propose un simple gentilhomme. On ne pouvait admettre les roturiers sans une dérogeance absolue; mais ils se dédommageaient, dans une salle voisine, avec les principaux domestiques du comte. Rotrulde, la petite, Guzman, donnèrent le signal du plaisir; Inès, enchantée, sautait à enfoncer le plancher, et le bon Trufaldin, oubliant le passé, vivant dans l'avenir, dansait, et dansait bien, car c'était de tout son cœur.

Mendoce prétendait, à la fin de chaque danse, qu'il devait être minuit. La modeste Séraphine n'osait convenir qu'elle trouvait la soirée longue; elle répondait simplement : Oui, je crois qu'il est tard. Cerdagne, qui était le maître d'avancer le moment, sourit d'abord de l'impatience des amans, s'y rendit ensuite, et fit passer ses convives dans la salle du banquet. Le chapelain du château prononça d'un ton grave et traînant un bénédicité qui fut écouté très-dévotement, mais qui ne bannit point la gaîté. Chacun était content, et chacun fut aimable. Ce n'était pas l'amabilité de nos jours, ces jolis riens, ces bagatelles insignifiantes, auxquelles on ne trouve de sens qu'en disséquant les phrases et les mots, c'était la bonne gaîté de la nature, cette gaîté franche, qui s'exprime clairement, se permet un mot gaillard, et ne séduit ni femme, ni fille: c'était la gaîté du douzième siècle.

On la poussa jusqu'à improviser des couplets à la fin du repas. Mendoce voulut chanter son bonheur; Cerdagne et quelques autres esquissèrent aussi des vers. Vous ne les trouverez pas bien bons, car les couplets ne finissent pas par une pointe; mais les bonnes gens lisaient l'épigramme, et chantaient des chansons. Au reste, les voici. Ils vont assez bien sur l'air de la romance du *Cousin de tout le monde.* Mendoce adressa le premier à sa Séraphine :

Une belle obtient mon hommage;
D'une autre, l'amabilité
Me séduit bientôt davantage;
Une troisième a la gaîté;
Charmes divers subjuguent l'ame;
On veut tout avoir aujourd'hui;
Mais quand on a tout de sa femme,
On laisse en paix celles d'autrui.

Cerdagne, piqué au jeu, riposta par le couplet suivant:

Le voisin a femme piquante;
On a bien mieux que le voisin;
Mais la voisine est agaçante,
Et souvent on lui cède enfin.
Bravant les attraits de la dame,
Malgré l'usage d'aujourd'hui,
Sois toujours l'amant de ta femme,
Toujours froid pour celles d'autrui.

« Ah! dit madame d'Aran, je chanterai aussi. Et elle commence en chevrottant un peu »:

Vous qui dédaignez de vous rendre
Au langage de la raison,

Pardonnez si j'ose entreprendre
De vous faire ici la leçon.
Gardez-vous de troubler nos dames :
Malgré l'usage d'aujourd'hui,
Donnez le bonsoir à vos femmes,
Souhaitez-le à celles d'autrui.

Le comte d'Aran ne voulait pas qu'on eût plus mauvaise opinion de son esprit que de celui des autres. Il commença :

On voit encor plus d'un bon père...
On voit encor....

« Ah ! m'y voilà.

On voit encor plus d'un bon père
Se mettre parfois....
Parfois en courroux....

Diable ! diable ! Je ferais cent premiers vers si je voulais ; c'est le second qui ne vient pas. — Il est minuit, s'écria Cerdagne, qui voulait ménager l'amour-propre de son ami. — Il est minuit, répéta Mendoce ; il se lève, et il présente la main à Séraphine. Leurs parens, leurs amis se précipitent sur leurs pas; Inès et Trufaldin se mêlent avec les autres, et on arrive à la chapelle.

Je vous fais grâce de la cérémonie nuptiale, de celle qu'on observa en couchant les mariés. Mendoce et Séraphine sont heureux, voilà tout ce qui vous intéresse, tout ce que vous voulez savoir. Hélas! Trufaldin et sa grosse femme comptaient bien l'être aussi; mais l'infortune est un cercle qu'on parcourt sans s'arrêter, il n'a pas de fin.

Les garçons et les filles ont couché les pauvres époux; ils se sont retirés en leur souhaitant ce qu'on souhaite en pareil cas; mais, hélas! ces souhaits ne se réalisent pas. Trufaldin s'étonne d'abord de sa nullité, et s'en afflige ensuite; Inès est au désespoir, et ne conçoit pas cet étrange accident. *Tantum mutatus ab illo.* Épouse soumise et complaisante, elle agit, elle se fatigue, elle se repose, elle recommence... Rien. Trufaldin se lève en colère, et prétend qu'il y a dans le château quelque sorcier qui lui a noué l'aiguillette; il oubliait que la frayeur qui l'avait violemment agité était l'unique sorcière dont il eût à se plaindre. Plein de son idée, il court trouver le chapelain, et le prie de l'exorciser. Le chapelain, homme très-profond, ne doutait pas de la puissance des noueurs d'aiguillettes, et croyait plus fermement encore à celle de l'eau bénite et des prières. Il exorcisa tant, il pria tant, il secoua tant de l'aspersoir, que Trufaldin, qui était nu, se sentit glacé jusqu'à la moelle des os. « Mouillez, révérend, mouillez plus fort, plus fort encore. Le maléfice augmente; je me sens prêt à mourir de froid ». Le révérend mouilla si bien, qu'il fut impossible au pauvre mari de se relever du coussin sur lequel il s'était mis à genoux; il était paralysé des jambes et des cuisses.

Le révérend, plein de charité, chargea le perclus sur ses épaules, et le reporta dans son lit. Inès, qui n'entendait pas être la femme d'un paralytique, jeta les hauts cris. Le révérend l'exhorta à se soumettre à la volonté de Dieu. « Dieu, répliqua Inès, veut que j'aie un homme, parce que je les aime. Que ferai-je de cet animal qui n'est bon à rien? — Mais ma chère sœur, vous avez promis à l'autel de garder votre mari en santé comme en maladie. — Mon mari, oui; mais cet estropié ne l'est pas. — C'est ce qu'il faudra faire vérifier par les matrones. — Et que diront-elles, vos matrones? qu'il me manque quelque chose? et qu'est-ce que cela prouvera? Croyez-vous, révérend, que j'aie vécu trente ans sans avoir eu des mouvemens de curiosité? — Fi, ma sœur, fi, quelle indignité! — Indignité tant qu'il vous plaira, cela ne laisse pas d'être... ».

Plaintes amères d'Inès, désolations de Trufaldin, consolations pastorales du bon chapelain, employèrent le reste de la nuit et une partie de la matinée.

Séraphine et Mendoce, au contraire, étaient sortis de la couche nuptiale brillans comme le soleil qui s'élevait sur l'horizon. D'Aran et Cerdagne partageaient la félicité de leurs enfans; les seigneurs, les dames jouissaient de l'alégresse des heureuses familles; on était réuni pour le déjeûner, lorsque le chapelain entra d'un pas grave et d'un air recueilli, qui annonçaient quelque chose d'extraordinaire. Mendoce accablait sa Séraphine des plus tendres caresses; le comte d'Aran parlait à sa femme de la certitude de se voir bientôt renaître dans un petit-fils; Cerdagne, toujours vif, demanda au chapelain ce qui l'affectait si profondément. « Un mariage qui n'est pas consommé, monseigneur, un mari devenu paralytique par la vertu de l'eau bénite, une femme qui veut faire casser son mariage. — Quel galimatias me faites-vous là? monsieur l'abbé. — Il n'y a pas de galimatias, monseigneur. On a noué l'aiguillette à Trufaldin. Je l'ai exorcisé, la force des exorcismes l'a rendu perclus; et Inès, qui s'est levée, dit-elle, comme elle s'est couchée, ne veut plus de ce mari-là, et défie toutes les matronnes, parce que depuis long-temps elle a perdu tout ce qu'elle pouvait perdre. — Je vais

vais arranger cette affaire-là, seigneur abbé ». Et Cerdagne monte à la chambre nouvelle qu'on avait donnée à madame Trufaldin.

Il trouve les époux aussi éloignés l'un de l'autre que le permettent des murs que la haine conjugale ne saurait faire reculer. « Ta femme se plaint de toi, dit-il à Trufaldin; voyons si ses plaintes sont fondées : évertue-toi, et fais à l'instant le mari. — Je l'ai souvent fait sans l'être, monseigneur. — Raison de plus pour le paraître quand la circonstance l'exige. — Vous ne concluez donc pas de ma nullité de cette nuit, que je doive être nul en ce moment? — Non, sans doute; de plus honnêtes gens que toi ont éprouvé cet accident. — Eh bien! monseigneur, puisque vous me passez la nuit, pourquoi ne m'accorderiez-vous pas un jour, un mois, un an?

Ma virilité a disparu au moment où je m'y attendais le moins; elle peut revenir de la même manière.—L'abbé, ce raisonnement me paraît concluant. — Pour vous, monseigneur, qui n'y perdez rien, dit Inès; mais je vous observe, moi, que si mon mari ne m'épouse que dans un an, il peut bien aussi ne m'épouser que dans deux, dans six, dans quinze, enfin pas du tout; ce qui n'est pas plaisant pour une femme qui entend remplir ses devoirs, mais qui veut avoir les bénéfices avec les charges. — Autre raisonnement concluant, reprit Cerdagne. Je suis vraiment embarrassé : quoique l'histoire offre mille affaires de ce genre, bien ou mal jugées, ma foi, je m'en tiendrai à la décision du pape Alexandre III, qui n'était pas un sot. Une femme mariée tombe malade : *Instrumentum ejus impedi-*

tum est. Nous donnons au mari, dit le pape, la permission d'en prendre une autre. Je retourne la décrétale, et je dis à Trufaldin : *Instrumentum tuum impeditum est*, et je donne à Inès la permission de se pourvoir comme bon lui semblera. — Mais, monseigneur, observa le chapelain, Honorius III ordonne qu'une femme qui se plaindra de l'impuissance de son mari, demeure huit ans avec lui, jusqu'à divorce. — Ah! le pape Honorius a dit cela? — Je m'en tiens, s'écrie Trufaldin, au jugement du pape Honorius. — Cet Honorius ne sait ce qu'il dit, s'écrie à son tour Inès. Apparemment que ce pape-là n'était homme que tous les huit ans. — Ma foi, je suis très-embarrassé, dit Cerdagne. Au reste, voilà ce que j'ordonne de mon autorité privée : Je supprime les exorcismes et l'eau bénite, parce que je ne crois pas aux sorciers. On mettra à l'instant le mari honteux dans un bain de lie de vin cuite avec de la sauge. Il prendra toute la journée de bons consommés et des viandes succulentes; ce soir une rôtie au vin de la Manche, chauffé avec des herbes aromatiques, et nous verrons demain.

Le lendemain tout allait à merveille. Le bain avait détendu les nerfs qui commençaient à se roidir; la rôtie avait dissipé le maléfice; Trufaldin avait le diable au corps, et le lendemain sa femme fut supplier le comte de lui laisser son cher petit mari.

Cependant Cerdagne, qui n'avait pas de raison d'être discret, avait amusé ses convives de la mésaventure de Trufaldin. Il fit valoir la restauration du bonhomme, et prétendit en savoir plus que tous les exorcismes du monde; l'abbé n'osait dire non, mais il faisait la grimace; les convives, désœuvrés comme on l'est toujours à la campagne, renchérirent sur les circonstances de cette histoire; elle fit du bruit, on en parla partout; elle se répandit en France; et, comme dans tous les temps les Français ont aimé les extrêmes, ils imaginèrent le *congrès*, espèce de combat aussi injurieux pour le mari, obligé de l'accepter, qu'infamant pour l'épouse qui avait eu l'impudeur de jeter le gant.

On connaît le dernier procès de ce genre qui fut jugé à Paris en 1659. Le marquis *de Langeais*, attaqué par sa femme, demanda lui-même le congrès. Ils entrèrent dans leur lit ordinaire, les rideaux exactement fermés. Les inspecteurs, retirés dans un cabinet voisin, ne devaient paraître qu'après la défaite ou la victoire du mari. Les impertinences rebutantes de madame de Langeais firent succomber le marquis. Il présenta un second cartel. Les juges, fatigués des cris des superstitieux, des plaintes des prudes, et des railleries des plaisans, refusèrent la seconde tentative, déclarèrent le mari impuissant et le mariage nul.

Le marquis se remaria avec *Diane de Navailles;* il lui fit sept enfans.

La grand'chambre, éclairée sur le ridicule scandaleux, et l'inutilité de ces procès, abolit le congrès, comme on a aboli depuis les sorciers qui n'existaient pas, la Sorbonne qui affectait d'y croire, les droits de jambage, de markette et de prélibation, les servages, les jansénistes, les molinistes, les miracles, les moines, et, comme il faut être extrême en tout, la religion qui ne faisait point de mal et qui consolait les faibles, la piété filiale, la fidélité conjugale, la morale et la probité, qui étaient utiles à tous.

N. B. Adieu, mon cher lecteur, adieu, jusqu'au revoir. Vous êtes mécontent peut-être, et vous vous écriez, en jetant le livre : Quelles misères, quel fatras ! Eh parbleu ! soyez donc d'accord avec vous-même. Je vous ai humblement offert *Angélique et Jeanneton*, petit ouvrage d'un genre tout-à-fait opposé ; vous n'avez daigné l'acheter ni le lire. Mon libraire s'est plaint amèrement, et je crois qu'il faut écrire pour tout le monde : je suis certain que tout le monde entendra cet ouvrage-ci, depuis le fournisseur jusqu'à sa cuisinière.

FIN.

A Pontoise, de l'Imprimerie de Dufey.

www.ingramcontent.com/pod-product-compliance
Lightning Source LLC
LaVergne TN
LVHW010557110826
845149LV00003B/687

* 9 7 8 2 0 1 2 1 5 4 3 1 5 *